인지바이어스60

JOHO WO TADASHIKU SENTAKU SURU TAMENO NINCHI BIAS JITEN
written by Johobunka kenkyujyo, Sakiko Yamazaki, Kozue Miyashiro, Yukiko Kikuchi /
supervised by Shoichiro Takahashi
Copyright © Johobunka kenkyujyo, Sakiko Yamazaki, Kozue Miyashiro, Yukiko Kikuchi,
Shoichiro Takahashi, 2021
Korean translation rights © 2023 by PAPIER Publishing Co., Ltd., Seoul.
All rights reserved.
Original Japanese edition published by FOREST Publishing Co., Ltd., Tokyo.

This Korean edition is published by arrangement with FOREST Publishing Co., Ltd.,
Tokyo in care of Tuttle-Mori Agency, Inc., Tokyo, through Double J Agency, Korea.

이 책의 한국어판 저작권은 더블제이 에이전시를 통한 저작권사와의 독점 계약으로
도서출판 파피에에 있습니다. 신저작권법에 의하여 한국 내에서 보호를 받는 저작물이므로
무단전재와 복제, 광전자 매체 수록 등을 금합니다.

인지
바이어스
60

정보문화연구소 (야마자키 사키코 · 미야시로
고즈에 · 기쿠치 유키코) 지음 | 위정훈 옮김

COGNITIVE
BIAS

피피에

'인지 바이어스'란?

일반적으로 '바이어스(bias)'란 옷감의 결에 대해 비스듬하게 자른 끝단을 말하는데, 거기에서 '치우침, 비뚤어짐'을 가리키게 되었다.

'바이어스가 작용하고 있다'라는 말은 '생각이 치우쳐 있을' 때 사용한다.

'인지 바이어스(cognitive bias)'란 편견이나 선입관, 고정관념이나 왜곡된 데이터, 일방적인 착각이나 오해 등을 폭넓게 가리키는 용어로 사용되게 되었다.

시나가와역은 시나가와구에 있다?

2017년 7월에 있었던 도쿄도 구의원 선거 때 시나가와역 서쪽 출구에서 리포터가 '시나가와역 앞에서 펼쳐지는 시나가와구의 선거 정세'를 보도했다.

스튜디오의 앵커와 게스트도 함께 '시나가와 구민' 이야기를 하고 있었는데, 사실 시나가와역 주소지는 미나토구 다카나와 3가이며, 따라서 시나가와역 앞은 '시나가와구'가 아니라 '미나토구'이다.

시나가와역 서쪽 출구 앞에 있는 시나가와 프린스 호텔과 호텔 북쪽에 있는 시나가와 세무서 주소지 역시 미나토구에 속한다.

말하자면 '시나가와역' '시나가와 프린스 호텔' '시나가와 세무서' 같은 명칭 때문에 그것들이 분명 '시나가와구'에 있을 것이라고 착각하는 사람은 '인지 바이어스'의 함정에 빠져 있는 것이다.

이런 착각은 사실에 반하며, 논리적으로는 '참(truth)'이 아니라 '거짓(falsity)'이다.

세 가지 연구 분야에서 접근

논리학에서는 이런 타입의 착각을 '오류(fallacy)'라고 부르며 고대 그리스 시대부터 다양한 종류로 분류했다. 그리고 건강한 토론을 위해 반드시 피해야 한다고 권유해왔다.

그런데 인간은 왜 오류를 저지르는 것일까?

예를 들면 '○○세무서'의 소재지가 '○○구'인 것은 많은 경우 '참'이며, 그렇게 추측하는 것 자체는 반드시 틀리지 않은 경우도 많다.

문제는 이런 귀납법(개별 사실에서 공통점을 발견하고, 일반적인 결론을 이끌어내는 추론)의 논법에 예외가 많이 생긴다는 사실이다. 인간이 왜 무의식적으로 귀납법을 사용하여 사물을 인식하고 정보를 처리하는지는 '인지과학'의 연구 과제다.

또한 집단 간 커뮤니케이션이나 인간과 사회의 상호관계는 '사회심리학'에서 연구한다.

그래서 출판사로부터 이 책의 집필을 제안받았을 때, 맨 먼저 떠오른 아이디어는 논리학·인지과학·사회심리학의 세 가지 연구 분야에서 접근해보자는 것이었다.

이른바 '인지 바이어스'로 분류되는 용어는 몇 백 개나 되지만 의미나 용법이 모호한 것도 많고 중복된 의미나 내용도 많다. 이 책에서는 세 가지 전문 분야에서 꼭 필요한 20항목을 골라 모두 60가지 항목으로 정리했다.

이 책의 특징은 일반 '사전'처럼 ABC순으로 항목을 배열하지 않고, 알기 쉬운 항목부터 순차적으로 이해할 수 있도록 구성하여 독자가 재미있게 읽어나갈 수 있도록 배려했다는 점이다.

제1부(논리학적 접근), 제2부(인지과학적 접근), 제3부(사회심리학적 접근) 순서로 읽어나가면서 독자 여러분이 이 책을 다 읽으면 '인지 바이어스'의 전체적인 모습이 머릿속에 그려질 수 있도록 구성했다.

물론, 순서대로 읽지 않고 마음에 드는 항목부터 읽어도 좋다.

정보를 올바르게 선택하기 위해

우리가 대상 독자층으로 잡은 사람들은 대학에 갓 입학한 신입생이다. 하지만 대학생뿐만 아니라 어떤 연령대의 독자라도 쉽게 읽을 수 있도록 여러모로 고민했다.

각 항목마다 첫머리에 읽기만 해도 한눈에 내용이 파악될 만한 표현을 먼저 제시했다. '관련' 항목은 너무 폭을 넓히지 않도록 관련도 높은 항목만 모았다. '참고문헌'은 좀 더 깊이 있는 내용까지 알고 싶어 할 독자를 위해 인용문헌에 더해 추천도서도 넣었다.

이 책이 독자 여러분의 '인지 바이어스' 이해뿐만 아니라, 인생을 풍요롭게 하는 데 도움이 되기를 간절히 바란다.

마지막으로, 다음 세 가지 질문을 생각해보기 바란다.

– 쏟아지는 정보에 휩쓸려 나 자신을 잃어버리고 있지는 않은가?

– 거짓 선동이나 가짜 뉴스에 속고 있지는 않은가?

– 나는 논리적으로, 과학적으로 생각하고 있는가?

이 책을 다 읽은 독자는 이들 세 가지 질문에 '그렇다'고 대답할 수 있게 될 것이다.

다카하시 쇼이치로

(정보문화연구소장, 고쿠가쿠인대학 교수)

차례

제2부. 인지 바이어스의 인지과학적 접근

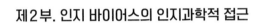

제3부. 인지 바이어스의 사회심리학적 접근

제 1 부

....

인지 바이어스의
논리학적 접근

논쟁을 하는데, 상대의 주장이 분명 설득력이 없는데도

내가 멋지게 한 방 먹이지 못해 논쟁에서 졌던 적은 없는가?

같은 우리말로 대화를 나누는데,

나의 의사가 제대로 전해지지 않아 답답했던 적은 없는가?

1부에서는 대화와 논쟁을 중심으로

이런 찜찜한 좌절감의 정체를 추적해보자.

'흑백을 가려보라'는 말을 들으면 회색지대(그레이존)도
선택지에 넣어보자.

01

이분법의 오류

Fallacy of False Choice

의미	더 많은 선택지가 있는데도 정해진 선택지밖에 없다고 믿음으로써 생기는 오류.
관련	미끄러운 비탈길 논증(→30쪽) 희망적 관측(→58쪽)

선택지는 정말로 두 가지뿐일까?

'요즘 당신에게 좋은 일이 없는 이유는 운이 막혀 있기 때문이에요. 이 항아리를 사서 방에 놓아두면 반드시 좋을 일이 생기지요. 하지만, 항아리를 사지 않으면 당신은 불행해져요.'

평소에 이런 말에 혹해서 항아리를 사는 사람은 거의 없을 것이다. 하지만 지푸라기라도 붙잡고 싶은 상황에 처해 있을 때 항아리를 사면 '아이의 불치병이 낫는다' '당신을 불행하게 만들고 있는 기운이 사라진다' 등등 귀가 솔깃해지는 말을 듣는다면 어떨까?

이렇게 정신적으로 궁지에 몰려 있는 상황에서도 항아리를 '산다/안 산다'라는 두 가지 선택지 이외에도 눈을 돌려야 한다는 사실을 반드시 기억하자.

왜냐하면 선택지는 딱 두 가지가 아니며, 숨어 있는 다른 선택지가 존재하기 때문이다. 그럼에도 불구하고 흑이냐 백이냐, 양자택일을 강요하는 논의 방식에는 이분법의 오류가 숨어 있다.

특히 선택지를 좁혀서 상대방을 궁지로 몰아 자기에게 유리한 선택을 끌어내려 할 때 이용되는 논법이다.

궁지에 몰렸을 때도 잘못된 선택을 하지 않기 위해

앞의 예에서는 어떻게 생각했는지 알아보자.

제시된 선택지는 다음 두 가지다. 첫 번째 조합은 '항아리를 사면 불행해지지 않는다(즉, 행복해질 수 있다)'이다. 두 번째 조합은 '항아리를 사지 않으면 불행해진다'이다.

이들 조합은 〈그림1〉처럼 제시된다. 이런 극단적인 두 가지 선택지를 들이대면, 사람은 자기에게는 제한된 선택지뿐이라고 착각하게 된다.

그러면, 이런 상황에 처했을 때 사람은 왜 잘못된 선택을 할까? 앞에서도 말했듯이, 이런 이분법의 오류는 상대방이 궁지에 몰려 있을 때 많이 이용된다. 궁지에 몰린 상대방의 약점을 파고들어 정상적인 판단을 못하게 하기 위해서다(상대방의 공포심을 이용하는 방법은 '공포에 호소하는 논법'이라고 한다). 그러므로, 궁지에 몰렸을 때도 이분법의 오류에 빠지지 않으려면 아래와 같은 생각을 기억해두자.

<그림1> 양자택일로 여겨지는 선택지

	항아리	불행
선택지1	○(산다)	✕(불행해지지 않는다)
선택지2	✕(안 산다)	○(불행해진다)

숨어 있는 두 가지 선택지가 더 있다

여기서 다시 한 번, 제시된 선택지의 수를 생각해보자.

① 항아리를 사면 불행해지지 않는다(즉, 행복해질 수 있다).
② 항아리를 사지 않으면 불행해진다.

그런데, 정말로 이 두 가지 조합뿐일까? 잘 생각해보면, 여기에 제시되어 있지 않은 두 가지 선택지가 더 있다. 그것은 '항아리를 사도 불행해진다'와 '항아리를 사지 않아도 불행해지지 않는다'이다(<그림2>).
'흑이냐 백이냐, 확실히 해라!' '도전한 사람은 모두 레벨 업했다!'라는 식의 선택을 강요하는 사람은 의식적이든 무의식적이든, 다른 선택지가 있는데도 자기에게 유리한 선택지만 제시하여 당신의 대답을 끌어내려 할 가능성이 있음을 꼭 기억하자.

선택지의 수를 알 수 있는 계산식

모든 선택지의 수를 알고 싶으면 계산식 '2^n'에 대입시켜 생각함으로

<그림2> 숨어 있는 두 가지 선택지

	항아리	불행
선택지3	O(산다)	O(불행해진다)
선택지1	O(산다)	X(불행해지지 않는다)
선택지2	X(안 산다)	O(불행해진다)
선택지4	X(안 산다)	X(불행해지지 않는다)

써 나의 선택지를 폭넓게 검토할 수 있다.

여기서 'n'은 조합되는 항목의 수, '2'는 조합되는 항목 각각에 대해 '수용한다(○)' '수용하지 않는다(×)'라는 두 가지 선택지의 가능성이 있음을 나타낸다. 이 계산식을 이용하면 내가 처한 상황에 선택할 수 있는 선택지의 수를 훨씬 일반적으로 계산할 수 있다.

예를 들면, '변호사가 된다'와 '돈에 쪼들린다'라는 조합에서도 4가지 선택지를 만들 수 있다. 이때 어떤 선택지들이 있는지 알겠는가?

나의 선택을 후회하지 않으려면, 내가 처한 상황을 먼저 확실하게 정리해보자. 그러면 잘못된 판단을 막을 수 있다.

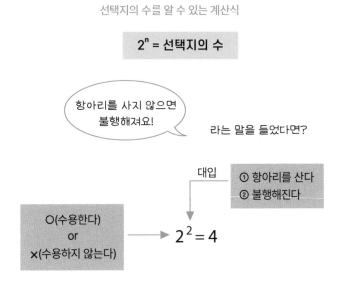

선택지의 수를 알 수 있는 계산식

$$2^n = 선택지의 수$$

항아리를 사지 않으면 불행해져요! 라는 말을 들었다면?

대입 ① 항아리를 산다 ② 불행해진다

○(수용한다) or ×(수용하지 않는다) → $2^2 = 4$

모래산은 어디까지일까?
'모래산 패러독스'로 생각하는 말의 모호성과 경계선.

02

무더기 패러독스

Sorites paradox

의미	정의가 모호한 말 때문에 생기는 오류.
관련	다의성 오류(→ 22쪽) 복면남의 오류(→ 62쪽)

'새롭다'는 말을 함부로 쓰지 마라?

'새로운 기획을 정하자!'라는 주제로 회의를 했는데 좀처럼 결론이 나지 않는 것은 업무 현장에서 아주 흔한 일이다. 원인은 여러 가지겠지만, '새로운'이라는 단어의 모호함이 관련되어 있을 수도 있다.

사실 '새롭다'는 말의 사용법은 어려운데, 그것을 생각해보기 위해 '모래산 패러독스'라는 개념을 참조해보자. 모래산 패러독스는 무더기 패러독스의 하나로 알려져 있다. 이 패러독스를 처음으로 지적한 사람은 기원전 4세기 무렵의 메가라 학파(소크라테스의 제자였던 메가라의 에우클레이데스를 시조로 하는 철학의 학파-옮긴이) 철학자인 에우불리데스Eubulides라고 한다(Hyde and Diana, 2018).

비슷한 패러독스로 대머리 패러독스, 당나귀 패러독스 등도 있다.

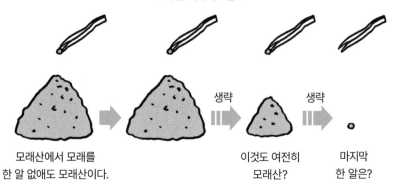

모래산 패러독스란?

생략 생략

모래산에서 모래를
한 알 없애도 모래산이다.

이것도 여전히
모래산?

마지막
한 알은?

'모래산'을 정의하면?

거대한 모래산에서 한 알씩 모래를 없애가는 모습을 상상해보자.

이때 '모래산에서 모래를 한 알 없애도 여전히 모래산이다'가 성립한다고 말할 수 있다. 그렇다면, 이 논의에 토대하여 모래산에서 모래를 한 알씩 없애가는 과정을 반복해도, 남아 있는 것은 여전히 모래산이다. 그런데, 이 과정을 한없이 반복해가면 언젠가는 한 알의 모래만 남게 된다. 남은 한 알의 모래알을 모래산이라고 부를 수 있을까? 많은 사람들은 한 알의 모래알을 모래산이라고 부르는 것에는 저항감이 있을 것이다. 그러나 지금 본 것과 같은 연속된 논의에서는 이 한 알의 모래도 모래산이라는 결론이 나게 된다.

이렇게, 의미가 모호한 말에 명백하게 올바른 논의를 적용함으로써 패러독스가 생기는 것이다.

대머리 패러독스와 당나귀 패러독스에서도 마찬가지다.

먼저 대머리 패러독스를 알아보자. 머리카락이 없는 사람, 이른바 대머리인 사람의 머리카락이 한 올 돋아나도 여전히 대머리라고 생각하는 것이 자연스럽다. 그런데 이대로 머리카락이 계속 돋아나면 어떻게 될까? '대머리의 머리카락이 한 올 보태져도 여전히 대머리'일 것이므로, 그 사람의 머리카락이 몇 올 돋아나도 여전히 대머리이다.

다음으로 당나귀 패러독스를 알아보자. 당나귀가 등에 지고 있는 짚더미에 지푸라기 한 줄기를 추가해도 등뼈는 부러지지 않는다. 그러면 당나귀 등에 짚을 얹는 과정을 계속 반복한다. 그러면, 이대로 짚을 영원히 추가해가도 당나귀의 등뼈는 부러지지 않는다는 결론이 나온다.

하지만 언젠가 당나귀의 등뼈가 부러지고 말 것임은 상상하기 어렵지 않다.

의미가 모호한 말과 경계선

이런 패러독스가 생기는 원인은, 앞에서 본 '모래산(또는 대머리, 짚더미)'의 정의가 모호하기 때문이라고 말할 수 있다. '모래산'의 의미를 사전에서 찾아보면 '모래의 산. 사구砂丘'라고 나온다. 말바꾸기만 했을 뿐, 말의 정의는 아님을 알 수 있다.

그러면, 이와 같은 말의 모호성은 어떻게 제거할 수 있을까? 이 패러독스 해결법 하나를 살펴보자.

말의 모호성은 '모래산이다' '모래산이 아니다'의 어느 쪽으로도 정할 수 없는 경계선 상황에서 주로 생겨난다. 몇 만 알의 모래알이 쌓인 것을 모래산이라고 부르는 것에 반대하는 사람은 없을 것이고, 단 한 알의 모래를 모래산이라고는 부르지 않는 것에 반대할 사람도 없을 것이기 때문이다.

이렇게 생각하면 의미가 모호한 말을 다룰 때는 경계선의 상황을 어떻게 다루느냐가 중요하다는 것을 알 수 있다.

당신이 생각하는 '요즘 젊은이'는?

젖먹이

어린이

우리 세대!

우리 아들 또래

50대는
아직 젊지!

입장에 따라 정의가 다르다. 이런 경우, 혼란을 피하려면……

논의가 필요한 범위를 정하자!

예 : 16~22살의 고등학생, 대학생 정도의 나이

예 : 30~45살의 한창 일할 나이

예 : X세대에 해당하는 40대

그렇다면, 경계선의 범위 안에서 그 말에 대해 그때그때 심의가 필요하다고 정하면 되며, 그러면 그 이외의 부분에서는 패러독스를 일으키지 않고 언어를 사용할 수 있다.

모호한 말은 위험하다!

이렇게 모호한 말로는 '낡았다' '젊다' 등도 들 수 있다.

이런 종류의 말을 쓸 때는, 그 말이 어떤 범위를 가리키는지, 그 범위에 대해 주변 사람들 사이에 동의가 되어 있는지 확인함으로써 쓸데없는 갈등을 피할 수 있다.

앞의 예에서도 회의를 할 때 먼저 '새롭다'는 말의 범위를 정해두었다면 회의도 훨씬 순조롭게 진행되었을 것이다.

앨리스가 잼을 받을 수 있는 날은 언제 올까?

03

다의성 오류

Equivocation

의미	2개의 전제 안에 같은 말이, 관련은 있지만 다른 의미로 사용되어 생기는 오류.
관련	무더기 패러독스(→18쪽) 복면남의 오류(→62쪽) 4개 개념의 오류(→78쪽)

친구가 있으면 취직할 필요가 없다?

학생식당에서 두 남학생이 나누는 대화를 들어보자.

> 남학생1 : 우리 부모님이 백만장자라면 내가 굳이 취직을 하지 않아도
>
> 될 텐데……
>
> 남학생2 : 아니, 너는 막대한 재산을 갖고 있어.
>
> 남학생1 : 응?
>
> 남학생2 : 친구는 재산이잖아? 그러니까, 나는 너한테 재산인 셈이지.
>
> 남학생1 : 음, 그거야……
>
> 남학생2 : 그러니까 취업 활동 따위는 때려치워버려.
>
> 남학생1 : 바보냐.

남학생1은 '바보'라고 웃어넘겼지만, 사실 남학생2의 말은 추론의 형식으로는 틀리지 않았다. 여기서는 추론의 전제가 모두 참이며, 참인 명제에 올바른 추론을 적용했음에도 불구하고, 명백하게 거짓으로 여겨지는 결론이 나왔다. 이 대화를 단순한 삼단논법 형태로 정리해보자.

> 전제1 : 재산이 있으면 취업 활동을 하지 않아도 된다.
>
> 전제2 : 친구는 재산이다.
>
> 결론 : 따라서, 친구가 있으면 취업 활동을 하지 않아도 된다.

전제1과 2는 결코 틀린 것을 말하고 있지 않다. 따라서, 거기서는 올바른 결론이 나오게 될 터이다. '추론의 형식으로는 틀리지 않은' 이유는 그것이다.

그런데, 실제로는 잘못된 결론이 나오는 이유는 무엇일까? 그것은 논증의 전제 속에서 말을 다의적으로 사용했기 때문이다. 이런 오류를 '다의성 오류'라고 한다. 여기서는 '재산'이라는 말이 다의적으로 사용되고 있다. 첫 번째는 '글자 그대로의 돈'이라는 의미지만, 두 번째에서는 '귀중한 가치를 가진 것'이라는 의미로 사용되고 있다(두 번째는 비유적인 사용법이지만, 이런 말의 사용도 '재산'이라는 말에는 중요할 것이다).

이처럼 전제 안에서 같은 말을 다른 의미로 쓰면 이상한 결론이 나오게 된다.

영어에서는 '엔드end'라는 말이 '목적' '종말'이라는 다른 의미가 있으므로 다의성 오류 예로 자주 사용된다.

잼을 받을 수 있는 '날'은 올까?

다의성 오류의 예로 『거울 나라의 앨리스』에 나오는 에피소드 하나를 보자. 『이상한 나라의 앨리스』 속편에 해당하는 『거울 나라의 앨리스』에서 앨리스는 거울을 통해 다른 세계로 들어가서 여러 가지 모험을 한다. 그러다가 만난 하얀 여왕은 앨리스에게 '급료로 한 주에 2펜스와 하루 걸러 잼을 준다'라는 조건으로, 자기의 하녀가 되라고 명령한다. 그러나 하얀 여왕은 잼을 줄 생각이 전혀 없는 모양이었다.

'하루 걸러 한 번 잼이야. 오늘은 오늘이지, 하루 거른 날이라고는 할 수 없어. 이 말에 따르면, 앨리스가 잼을 받을 수 있는 '날'은 영영 오지 않게 된다. 물론, 하얀 여왕의 주장은 엉터리이지만 엄청나게 골치 아픈 이 수수께끼를 원문에서 분석해보자.

> '하루 걸러 한 번 잼이야. 오늘은 오늘이지, 하루 거른 날이라고는 할 수 없어.'
>
> "It's jam every ***other*** day; to-day isn't any ***other*** day, you know."
>
> (Lewis Carroll, "Through the Looking Glass," The Complete Illustrated Works of Lewis Carroll, Chancellor Press, 1982. 강조는 출전에 따름)

이 'other day'를 사용한 방식이 교묘한 것이다. 'other day'는 두 군데 등장한다. 첫 번째는 'every other day'로, '하루 걸러'라는 뜻이다. 오늘(T2)을 중심으로 생각하면 잼을 받을 수 있는 날은 어제(T1)와 내일(T3)이 된다.

한편 두 번째는, 예를 들면 T2에서 본 내일(T3)이, 날이 밝아서 새롭게 오늘이 되었다고 생각하면, 오늘(T3)에서 본 '하루 거른 날(격일)'을 의

<**그림1**> 각각의 '오늘'에서 본 2펜스와 잼을 받을 수 있는 '하루 거른 날'

*파란색 글자=하루 거른 날

1일째	어제	오늘	내일	
2일째		어제	오늘	내일
3일째			어제	오늘	내일

T1   T2   T3   T4   T5

'오늘'을 기준으로 생각하면 '하루 거른 날'은 영원히 오지 않는다.

미하고 있다고 생각할 수 있다. 즉, T3의 어제(T2)와 내일(T4)이다(<그림1>
참조).

이때, 두 개의 'other day'는 서로 다른 날을 가리키며, 다의적으로
사용되고 있다(단, 이 예는 원래 영어이므로 보다 상세한 논의가 필요할 수도 있을 것이다).

같은 말이라도 사용법이나 의미는 많이 있다

앨리스와 하얀 여왕 에피소드에서 얻을 수 있는 교훈은, 말은 여러
가지로 사용될 수 있으므로 여러 가지 의미가 있음을 의식해야 한다
는 것이다. 여러 가지 의미를 가진 말은 그 밖에도 많다. 그러므로 일
상에서도 다의성 오류는 자주 일어난다.

대화를 나누는데 내 말을 상대방이 이해하지 못하거나 내가 상대방
의 설명을 전혀 이해하지 못하겠다는 느낌이 든다면 둘 중 한 사람이
다의성 오류에 빠져 있지 않은지 의심해보자.

논리학 관련
바이어스

04

순환논법
Circular Argument

상대를 믿기 전에, 한없이 뱅뱅 도는 말의 반복에
쐐기를 박자.

| 의미 | 논증되어야 하는 결론을 전제로 사용하는 논의. |
| 관련 | 미끄러운 비탈길 논증(→30쪽) |

그거, 아까 한 말이잖아?

'A가 한 말은 믿어도 돼. 왜냐하면 좋은 사람이라서 A를 믿을 수 있
으니까.'

친구가 이런 말을 한다면, 많은 사람들은 A에 대한 경계심을 약간이
나마 늦출 것이다.

하지만 뭔가 이상하지 않은가? 친구가 한 말의 구조를 알아보자.

'Y이다, 왜냐하면 X이므로'

'X이다, 왜냐하면 Y이므로'

최초의 주장에 주목해보면 Y는 X에 의해 정당화되고 있다(여기서 X는 'A

는 좋은 사람', Y는 'A가 한 말은 믿을 수 있다'가 된다). 이것만 보면, 별 문제 없는 것 같다. 그러나 '좋은 사람이라서 A를 믿을 수 있으니까'가 계속 주장되면, 상황은 달라진다.

여기서는 X(이것은 처음에 Y를 정당화하기 위해 사용되고 있다)를 정당화하기 위해 Y가 사용되고 있다. 그러므로, 이 구조에서 순환이 생겨난다. 이렇게 순환하는 논의를 '순환논법'이라고 한다.

이 순환은 결론이 되며, 전제가 되는 항목 수가 늘어난 경우에도 역시 생겨난다. 항목이 늘어난 경우에는 아래와 같이 마지막 Xn을 정당화하기 위해 X1을 사용함으로써 역시 논의가 순환된다.

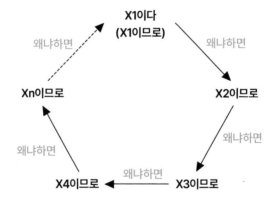

항목이 늘어날수록 순환 구조는 더욱 복잡해지고 간파하기 어려워진다. 이리하여 순환논법에서는 처음에 정당화하고 싶었던 사건은 정당화되지 않으며, 논의만 한없이 빙글빙글 맴돌게 된다.

약간 복잡해지면 위화감이 누그러진다

앞의 예는 순환하는 문구를 연속해서 말하고 있으므로 순환하고 있는 것을 비교적 쉽게 알 수 있다. 그러나 어딘가 이상하다는 것을 금방 알아차린 사람도, 다음 예문처럼 약간만 복잡해져도 위화감이 훨씬 누그러진다.

> A가 한 말은 믿어도 돼. 왜냐하면 아주 좋은 사람이거든. 지금까지 그는 많은 사람을 도와주었어. 왜냐하면 좋은 사람이니까. A가 좋은 사람인 건, A가 한 말을 믿을 수 있기 때문이지.

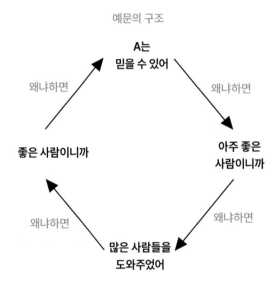

예문의 구조

말하는 내용은 똑같지만 훨씬 설득력 있게 느껴지지 않는가?

일상의 소소한 대화라면 말이 다소 순환하더라도 크게 신경 쓰지 않아도 되지만 사이비 종교나 다단계 판매 등에서 이런 말돌리기에 설득당하면 돌이킬 수 없는 상황에 빠질 수 있다.

위의 예가 친구에게 이성을 소개받는 상황이라고 상상해보면 알기 쉬울 것이다. '이번엔 꼭 멋진 사람을 만나야지!'라는 생각이 강할수록 상대방을 믿어버리게 된다. 그리고는 실망이라는 결말로 이어진다.

결론은 딱 하나

순환논법에서는 결국은 아무것도 정당화되지 못한 채 공허한 논의가 한없이 계속된다.

이런 상황에 빠지지 않으려면 마지막에 내려져야 하는 결론(처음 예에서는 'A가 하는 말은 믿어도 된다')이 논의 과정에서 어떤 주장을 정당화하는 데 사용되고 있지 않은지 주의 깊게 관찰하면 된다(처음 예에서는 결론이 'A는 좋은 사람'을 정당화하는 데 사용되고 있다). 만약 논의가 이런 구조를 포함하고 있다면 순환하고 있을 가능성이 있다.

이 점에 주의하면 내가 순환논법에 빠지는 것도 막고, 상대방이 순환논법을 이용하고 있는 것도 쉽게 알 수 있다.

언덕길을 미끄러지기 전에 그 말에 명확한
인과관계가 있는지 따져보자.

논리학 관련
바이어스

05

미끄러운 비탈길 논증

Slippery Slope

의미	비교적 작은 첫 번째 단계가 그 후에 일어나서는 안 되는 결과로 이끄는 일련의 사건을 불가피하게 일으키므로, 첫 번째 단계를 일으키지 않도록 해야 한다고 주장하는 것.
관련	이분법의 오류(→ 14쪽)　순환논법(→ 26쪽) 희망적 관측(→ 58쪽)

변호사가 되지 못하면 행복해질 수 없을까?

당신에게는 로스쿨에 재학 중인 대학생 아들이 있다. 어려서부터 아들은 변호사가 되고 싶다고 했다. 그러나 지금은 아무리 봐도 공부를 열심히 하고 있는 것 같지 않다. 그런 아들에게 아내가 말했다.

아내 : 변호사 시험에 합격하지 못하면 변호사가 되지 못해.

아들 : 그건 저도 알아요.

아내 : 변호사가 못 되면 돈에 쪼들리게 되잖아. 돈에 쪼들리면 잘살지

　　　못한단다. 잘살지 못하면 행복해지지 못하잖니. 그러니까 변호

　　　사 시험에 합격하지 못하면 절대 안 돼!

이 대화를 듣고, 당신은 '정말 그렇군' 하고 생각했다. 그러나 정말 그럴까? 이 논의는 '미끄러운 비탈길 논증'으로 알려져 있다. 이 논증을 사용하는 사람은 올바른 첫 번째 출발점에서 바람직하지 않은 결론이 나왔으므로, 첫 번째 선택이 잘못되었다고 상대방을 몰아붙인다.

그래서 이 논법은 뒤에 나올 '희망적 관측'에서 살펴볼 감정에 호소하는 논법과도 관련이 있다(Tracy and Gary, 2015).

미끄러운 비탈길 논증에 숨어 있는 추이성

이 논의에서는 조건문(A이면 B)의 추이성(推移性, 'A이면 B'와 'B이면 C'가 성립하면 'A이면 C'도 성립한다. 이때 '~이면'은 추이성을 갖는다고 한다)이 이용되고 있다. 이 구조는 다음 예를 보면 알기 쉬울 것이다.

바람이 불면 모래먼지가 일어서 장님이 늘어난다. 장님은 샤미센三味線을 켜므로 악기에 바를 고양이 가죽 수요가 늘어서 고양이가 줄어든다. 고양이가 줄어들면 쥐가 늘어난다. 쥐가 늘어나면 통을 갉아먹는다. 결과적으로 바람이 불면 통장수가 돈을 번다.

여기서는 '바람이 불면 모래먼지가 일어나서 장님이 늘어난다'로 시작되어, 마지막에는 '바람이 불면 통장수가 돈을 번다'는 결론이 내려진다(미끄러운 비탈길 논증의 어디에서 추이성이 사용되는지는 다음 쪽 <그림1> 참조).

모호한 인과관계에 토대한 주장

미끄러운 비탈길 논증에서는 앞에서 말한 '조건문의 추이성'이 이용되는데, 여기서는 이용된 조건문이 정말로 올바른 인과관계에 토대하

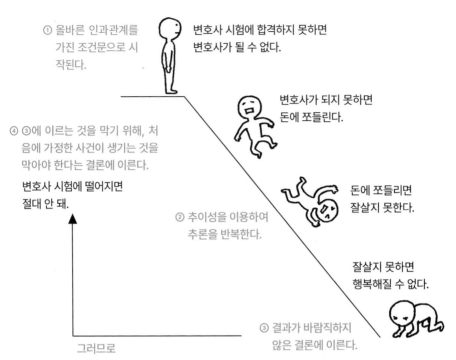

<그림1> 미끄러운 비탈길 논증 개념도

① 올바른 인과관계를 가진 조건문으로 시작된다.

변호사 시험에 합격하지 못하면 변호사가 될 수 없다.

변호사가 되지 못하면 돈에 쪼들린다.

④ ③에 이르는 것을 막기 위해, 처음에 가정한 사건이 생기는 것을 막아야 한다는 결론에 이른다.

변호사 시험에 떨어지면 절대 안 돼.

② 추이성을 이용하여 추론을 반복한다.

돈에 쪼들리면 잘살지 못한다.

잘살지 못하면 행복해질 수 없다.

③ 결과가 바람직하지 않은 결론에 이른다.

그러므로

고 있는지 살펴봐야 한다.

앞의 예에서 '변호사 시험에 합격하지 못하면 변호사가 될 수 없다'는 변호사 시험에 합격하지 못하면 변호사가 될 수 없으므로 명확한 인과관계를 표현하고 있다. 그러나 그다음에 나오는 '변호사가 되지 못하면 돈에 쪼들린다' '돈에 쪼들리면 잘살지 못한다' '잘살지 못하면 행복해질 수 없다'는 주장은, 명확한 인과관계가 있다고 단언할 수 없다. 모호한 인과관계에 토대하고 있다고 생각하는 것이 자연스럽다.

예를 들면 '변호사가 되지 못하면, 돈에 쪼들린다'는 '변호사가 되면 돈에 쪼들리는 일은 없다'라는 내용을 포함하고 있다고 생각할 수 있는데, 이 조건문에 포함되는 '변호사가 되면'을 '의사가 되면'이나 '공무원이 되면' 등으로 바꿔도 문장은 성립한다.

이것에서 '돈에 쪼들리는 일은 없다'를 일으킬 수 있는 것은 '변호사가 되는 것'만이 아니므로 '변호사가 되지 못하면 돈에 쪼들린다'라는 주장에는 명확한 증거가 없다.

그러나 논리 구조에 현혹되어 조건문의 인과관계를 정확히 파악하지 못하면 잘못된 논법으로 도출된 결론에 설득되어버린다.

증거나 예외를 찾아라

상대방이 '미끄러운 비탈길 논증'으로 당신을 몰아붙이려 한다면 어떻게 대항해야 할까? 가장 쉬운 방법은 '증거를 대보라'고 압박하는 것이다. 앞에 나온 예라면 '변호사가 되지 못하면 돈에 쪼들린다'가 정말인지 증거를 대보라고 하는 것이다. 물론 아들이나 당신이 이렇게 반론한다면 부부싸움으로 번지고 말 것임은 상상하기 어렵지 않다. 말다툼을 피하려면 어떻게 이야기를 진행시켜야 할까?

우선, 남편은 아내의 말이 논리적이지 않다는 것을 지적하지 말고 아들이 정말로 변호사가 되고 싶어 하는지 확인한다. 그 꿈을 포기하고 있지 않다면 최선을 다해 도와주면 된다. 한편, 사실은 변호사가 되고 싶지 않다고 한다면 그 이유를 듣고 새로운 목표에 대해 이야기를 나눠본다.

당신이 아들과 대화를 나눌 수 있게 된 것은, 아내의 말이 비논리적임을 간파했기 때문이다. 당신은 아내와 말다툼을 하지 않고 아들의 마음을 헤아려줄 수 있겠는가.

오늘날 'OO은 모두 △△이다'라고 말하면,
실언이 될 가능성이 높다.

06

성급한 일반화
Hasty Generalization

의미	충분한 데이터가 갖춰지기 전에 일반화하는 것.
관련	체리 피킹(→ 38쪽)

밀레니얼 세대는 정말로 일을 못할까?

매스컴에서는 386세대, X세대, 밀레니얼 세대 등 세대를 나누어 각각의 특징을 논하는 경우가 많다. 특히 이른바 '여유교육'을 받은 세대는 윗세대로부터 '끈기가 없다' '금방 때려치운다' '일을 잘 못한다' 등등 부정적인 이미지로 언급되어 억울한 사람도 많을 것이다.

물론, 그런 이미지에 들어맞는 사람도 있을 것이다. 그러나 다른 세대에도 일 못하는 사람은 분명히 있다.

현재는 밀레니얼 세대가 30살 전후의 한창 일할 나이다. 주위를 둘러보면 훌륭하게 일을 처리하고 있는 그 또래를 많이 볼 수 있다.

밀레니얼 세대를 비난하는 것처럼, 몇몇 개별 사례나 이미지를 가지고 더 일반적이고 넓은 범위에서도 그 성질이 성립한다고 하는 것을

성급한 일반화의 전형적인 예

사실1 : 까마귀는 난다
사실2 : 참새는 난다
사실3 : 갈매기는 난다
사실4 : 학은 난다
↓
결론(성급한 일반화)
새는 모두 난다

예외도 있어!

'성급한 일반화'라고 한다.

성급한 일반화 과정에는 개별 대상이 이러이러한 성질을 갖고 있으므로 개체가 속한 전체가 그 성질을 갖고 있다고 결론 내리는 귀납법이 이용된다.

개별 성질에서 전체의 성질을 이끌어낸다

다른 예로 생각해보자.

어떤 사람의 혈액형이 A형이고 꼼꼼하다고 하자. A형인 다른 사람도 꼼꼼하다고 하자. A형인 또 다른 사람도 꼼꼼하다면, 우리는 그런 정보를 통해 A형은 모두 꼼꼼하다고 결론 내려버리는 경향이 있다. 이때 여기서는 귀납법이 이용되고 있다.

이 결론에 동의하지 않는 사람도 있을 것이다. 세상에는 꼼꼼하지 않은 A형도 당연히 있기 때문이다. 이것은 A형에 대한 일반화를 뒤엎는 반례가 된다. 따라서 여기서 이용된 귀납법은 틀린 것이 된다.

성급한 일반화를 막으려면

성급한 일반화를 하지 않으려면 반례를 의식하는 것이 중요하다.

그리고 또 한 가지, 일반화를 할 때 대상 범위를 너무 넓히지 않는 것이 중요하다. '남자들은 다~' '여자들은 다~'라는 식으로 말하면 일반화의 대상 범위가 너무 넓어서 반례를 찾아내기 쉬우며, 성급한 일반화를 일으키기 쉽다.

그러므로 '한국인' '남성' '여성' '젊은이' '고령자' 등 주어의 범위가 넓으면 변칙이 존재할 수 있음을 꼭 기억하자.

여유교육 세대를 비난하는 정도는 그나마 웃어넘길 수 있을지 모르지만, 남성이나 여성을 일괄적으로 일반화해버리면 젠더나 페미니즘 관점에서 문제점을 지적당할 수 있다.

'중국인' '몽골인' 등의 국적이나 '백인' '흑인' 등의 인종에 대해서도 일괄해서 말하면 차별이나 혐오와 엮이기 쉬울 것은 당연하다.

특히 요즘은 누구나 SNS 등에서 불특정 다수를 향해 주장을 펼칠 수 있는 시대다.

큰 주어를 사용해서 말하면 위험이 따른다는 사실을 반드시 기억하고, 'OO은 모두 △△이다'라고 말하고 싶을 때는, 그 주장에 반례가 없는지 차분하게 돌아보자.

귀납법이 유용할 때가 있다

그런데, 귀납법에 의한 일반화 수법은 마케팅 등에서는 효과적으로 작동하기도 한다. 예를 들어 20대 남녀가 주로 어디서 술을 마시는지 조사했다고 하자.

이때, 주로 집에서 마시는 사람이 65%, 가끔 집에서 마시는 사람이 사실1 : 20대 남녀 65%가 주로 집에서 술을 마신다.

사실2 : 20대 남녀 15%가 가끔 집에서 술을 마신다.

사실3 : 20대 남녀 20%가 집에서는 전혀 술을 마시지 않는다

가설 : 20대는 집에서 술을 마시는 경우가 늘고 있다

일반화함으로써 경향을 파악하여
시장의 니즈 등을 예측할 수 있다.

20대가 좀 더
술과 친해지도록
가정용 술을
신제품으로 개발하면
어떨까요?

15%, 집에서는 전혀 마시지 않는 사람이 20%라고 하자.

물론 '모든 20대 남녀가 주로 집에서 술을 마신다'라는 결론을 내릴 수는 없다. 그러나 적어도 '많은 20대 남녀는 주로 집에서 술을 마신다'라는 결론은 내릴 수 있으며, 상품 개발을 한다면 충분히 유용한 정보다.

이처럼 귀납법을 잘 이용하면(구체적인 숫자를 제시하면 훨씬 좋다) 어떤 집단의 대다수 사람이 특정 조건을 만족시키고 있다고 주장할 수 있다. 프레젠테이션 등에서 귀납법을 잘 이용하면 훌륭한 설득의 기술이 된다.

사람은 보고 싶은 것만 보고 보여주고 싶은 것만
보여주는 경향이 있다.

체리 피킹
Cherry Picking

의미	나에게 유리한 특정한 증거만 채택하고 그 밖의 불리한 증거를 무시하는 것.
관련	성급한 일반화(→ 34쪽) 허수아비 논법(→ 54쪽) 희망적 관측(→ 58쪽)

보고 싶은 것만 보여주는 사람, 보는 사람

보험사, 여행사, 투자회사, 주택 분양 팸플릿, 온라인 쇼핑몰에는 공통점이 있다. 그것은 기본적으로 '좋은 정보'만 들어 있다는 점이다.

그것을 보고 꿈에 부풀어 구입했다가 만족한 사람도 있겠지만, 만족하지 못한 사람도 있을 것이다.

'직원이 불친절해서 불쾌했다' '투자했다가 노후 자산을 몽땅 날렸다' '생각했던 것과 다른 집이 지어졌다' 같은 '고객의 소리'를 기업이 홈페이지에 정직하게 올릴 리가 없다.

이런 판매 수법은 잠재 고객의 구매욕을 불러일으키기 위한 것이므로 일부러 '좋은 정보'만 모아놓은 것이다.

이런 일은 개인 차원에서도 일어나며, 자기에게 유리한 증거만 제시

체리 피킹이란?

찬성파　　　　　반대파

나에게 유리한 데이터만 골라내서 논쟁하려 하는 것.

하고 불리한 증거는 무시하는 경우가 있다. 그런 식으로 논의를 진행하는 것을 '체리 피킹'이라고 한다.

예를 들어 사귈 때는 장점만 보였는데 결혼해서 살아보니 단점이 너무 두드러져서 이혼하고 싶다면, 체리 피킹에 빠진 결과라고 할 수 있다(단점이 너무 두드러진다는 것도, 반대 의미에서 체리 피킹을 하고 있다고 말할 수 있다).

불리한 것은 보고 싶지 않아!

체리 피킹에 빠지기 쉬운 경향이 있는 사람은 자기에게 유리한 증거만 제시하여 상대방을 설득하려 한다.

그러나 실제로는 자기가 제시한 '유리한' 증거 이외에, 자기 주장을 방해할 만한 불리한 증거가 얼마든지 존재할 수 있다.

그런데, 그 불리한 증거를 제시하면 자기 주장이 뒤집힐 우려가 있다. 그러므로 그 불리한 증거를 숨기고 논의를 진행하려 한다.

이런 설명을 들으면, 체리 피킹을 해서는 안 된다고 생각할지도 모르겠다. 물론, 무의식적으로 그렇게 한다면 문제일 수 있다.

그러나 상황이나 입장에 따라, 예를 들어 홍보용 팸플릿처럼 상대방에게 불이익을 줄 목적이 아니라면 일부러 그렇게 한다고 해서 반드시 비난받을 일은 아니다.

프레젠테이션 같은 상황을 생각해보자. 내가 생각한 기획에 자신이 있다면, 의식적으로 체리 피킹을 하여 좋은 정보를 전달하는 것이 계약으로 이어지기 쉽다.

물론 노골적으로 장점만 나열하면 의심받을 수 있으므로 단점도 제시하면서 그것 이상의 장점을 강조하면 좀 더 믿음을 줄 수 있을 것이다. 이런 의식적인 체리 피킹은 나에 대한 평가로 이어질 수 있다.

불리한 진실을 의심하라

반면에, 상대방이 이런 식으로 당신을 설득하려 한다면 어떻게 반론하면 좋을까?

이야기가 너무 그럴듯하다는 생각이 들 때는 그들이 말하지 않은 불리한 진실이 있는 건 아닌지 의심해봐야 한다.

집을 사거나 보험 계약을 할 때, 처음에는 숨겨져 있던 사실을 나중에 알아서 손해를 볼 수 있다. 그러나 계약 전에 불리한 증거를 알게 되더라도, 상대방이 그것을 어떻게 해결할 것인지 확답해준다면 좋은 결론을 끌어낼 수도 있다.

체리 피킹 사용법

'달콤한 말에는 꿍꿍이가 있다'라는 말처럼 대부분의 사건에는 동전처럼 앞뒷면이 있다.

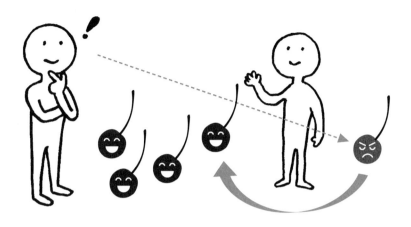

불리한 정보에 대해서도, 설득력 있는 설명을 준비하여 인상을 확 바꾼다.

무의식적으로 체리 피킹에 빠져 있든, 의식적으로 불리한 정보를 무시하든, 상대에게 그것을 지적당해 허점을 찔릴 위험은 항상 존재한다.

나를 지키기 위해서라도 불리한 정보를 똑바로 마주하고 대책을 생각해두는 것이 낫다. 그러면 결과적으로 상대방의 의심까지 없애줄 것이다. 그런 다음에 체리 피킹을 하면, 얻을 수 있는 이익이 더 커질 것이다.

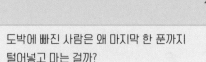

논리학 관련
바이어스

08

도박사의 오류

Gambler's Fallacy

의미	적흑 룰렛 게임처럼 1회당 시행이 독립적인 랜덤한 사건에서 한쪽이 연속으로 나온 다음에는 분명히 다른 한쪽이 나올 것으로 착각하는 것.
관련	결합오류(→ 66쪽)

도박을 절대 못 끊는 이유는?

파친코나 슬롯머신에 빠진 많은 사람들에게는 공통적인 사고회로가 있다. 몇 번을 따지 못했어도 '이만큼 돌았으니 한 번쯤 터질 때가 됐다' 하면서 계속 돈을 집어넣는 것이다.

물론, 그 후에 한 번 터진다는 보증은 어디에도 없지만 더 많은 돈을 투입할수록 흥분하여 냉정한 판단이 불가능해진다.

파친코를 비롯한 도박을 즐기는 사람이 빠지기 쉬운 오류를 '도박사의 오류'라고 한다. 도박사의 오류 예로 많이 드는 것이 1913년에 모나코의 몬테카를로에서 일어난 사건이다. 이때, 룰렛 게임에서 26회 연속으로 구슬이 검은색으로 들어갔다. 그래서 '그렇다면 다음에는!' 하고 빨간색에 걸었던 도박사는 거액의 돈을 잃었다.

5회 연속 검은색이 나올 확률은?

일반적으로, 연속해서 같은 결과가 나오면 '다음에는 다른 결과가 나오지 않을까?' 하는 심리가 작동하는 경우가 많다. 왜 이렇게 생각해버리는 것일까?

룰렛을 돌렸을 때 빨간색이 나올 확률과 검은색이 나올 확률은 각각 1/2이다. 지금까지 검은색이 연속해서 4회 나왔다고 하자. 이것에 이어서 검은색이 계속해서 5회 연속해서 나올 확률은 <그림1>의 식으로 계산할 수 있다.

즉, 3.125%밖에 안 된다. 이것을 보면, 다음에도 검은색이 나올 확률이 상당히 낮을 것 같은 생각이 든다. 그래서 도박사는 '다음에는 빨간색에 걸자!' 하고 생각하는 것이다.

확실히, 이렇게 생각하면 확률적으로도 검은색이 그 이상 연속해서 나오지는 않을 것 같은 느낌이 들므로 다음에는 분명 빨간색이 나올

<그림1> 도박사의 오류와 올바르게 생각하는 법

1회	2회	3회	4회	5회
검은색	검은색	검은색	검은색	?

$$\frac{1}{2} \times \frac{1}{2} \times \frac{1}{2} \times \frac{1}{2} \times \frac{1}{2}$$

5회째에 검은색이 나올 가능성은 3.125%.
한편, 빨간색이 나올 가능성은 96% 이상.

좋아, 빨간색에 걸자!

5회째에 빨간색이 나올 가능성은 1/2이다.
위의 계산은 '5회 연속'으로 검은색이 나올 확률이지,
'다음에 검은색이 나올 확률'이 아니다.

것이라고 착각하는 것도 무리는 아니다.

이처럼, 우리는 어떤 일련의 짧은 사건에 대해서도, 보다 길게 계속되는 일련의 사건처럼(적흑 룰렛 게임도 장기적인 관점에서 보면 빨간색과 검은색이 나올 확률은 반반씩이 된다), 빨간색과 검은색이 나올 확률이 반반이 될 것을 지나치게 기대한다. 이것은 소수의 법칙이라고 한다(Tversky and Kahneman, 1971).

이런 기대감이 사람들을 도박으로 몰아가는 한 가지 요인이라고 볼 수 있다.

연속할 확률이 아니라, 1회당 확률이 중요하다

앞에 나온 룰렛의 예에서 도박사는 '1회당' 빨강과 검정이 나올 각각의 확률을 깨달았어야 했다. 냉정하게 생각하면 금방 알 수 있지만, 룰렛을 돌리는 1회당 빨강과 검정이 나올 확률은 언제나 1/2이다. 이 확률은 룰렛을 몇 번을 돌려도 달라지지 않는다.

물론, 검정이 연속해서 5회 나올 확률은 1/32이며 직감적으로는 다음에도 또 검정이 나올 것 같지는 않다. 그러나 이런 생각에는 다음과 같은 오류가 포함되어 있다.

지금, 빨강과 검정이 나올 확률은 언제나 1/2이므로, 다음에 빨강이 나올 확률도 당연히 1/2이 된다. 여기에는 다음에 어떤 색이 나올 것인지에 대한 확률은, 그때까지 어떤 색이 나왔는가 하는 결과로부터는 영향을 받지 않는다는 것이 빠져 있다. 빨강이 나올지 검정이 나올지의 확률은, 1회마다 예측해야 한다는 것을 반드시 기억하자.

이것을 잘 이해하면 도박에 지나치게 빠져들지 않게 되며, 도박에 빠진 주변 사람을 설득하는 데에도 도움이 될 것이다.

단, 〈그림2〉처럼 너무 낙관적이 되는 것도 좋지 않다. 무슨 일이든 적

<그림2> 과거는 미래에 영향을 주지 않는다(도박의 경우)

1회	2회	3회	4회	5회
졌음	졌음	졌음	졌음	?

도박에서 네 번 연속 졌다고 해서
5회째에도 질 가능성이 높아지는 것은 아니다.

좋아, 한 번 더 걸어!

이렇게 생각하면 절대로 도박을 끊을 수 없다!

당히 하는 것이 중요하다는 것을 염두에 두고 행동하는 것이 좋다.

과거의 결과는 미래에 영향을 미치지 않는다

룰렛의 예에서 얻을 수 있는 또 한 가지 교훈이 있다. 그것은 과거는 미래에 영향을 미치지 않는다는 것이다.

이런 생각은 다른 사건에도 적용할 수 있다. 물론 인생에서 과거와 미래는 이어져 있으며 단절되는 일은 없다. 그러나 나쁜 일만 계속해서 일어나는 경우는 흔치 않다. 따라서 '다음에는 좋은 일이 생길지도 몰라' '긍정적인 마음으로 열심히 살면 반드시 잘될 거야'라고 긍정적으로 생각하는 것도, 단순한 자기 위로에 불과한 것은 아닐 것이다.

논리학 관련
바이어스

인격과 의견을 분리하여 논쟁하기는 얼마나 어려울까?
그리고 그것은 타당할까?

09

비방적 대인 논증

Abusive Ad Hominem

의미	논점 대신에 상대의 성격이나 자질 등을 비판함으로써 그의 주장을 물리치는 것.

관련	피장파장 논법(→ 50쪽) 허수아비 논법(→ 54쪽)

청소나 빨래를 못하는 사람은 요리도 못한다?

어느 부부가 전화로 나눈 대화를 읽어보자. 당신이 남편 입장이라면 아내의 말을 납득할 수 있을까? 아내 입장이라면 당연한 말을 한다고 느낄까?

남편 : 여보세요.

아내 : 무슨 일이야?

남편 : 오늘 저녁 식사는 내가 준비해볼까 하는데, 뭐 먹고 싶어?

아내 : ……. 무슨 바보 같은 소리 하는 거야? 청소도 빨래도 제대로 못

하면서, 당신이 요리를 어떻게 해?

남편 : 그렇군, 미안해. 그럼, 너무 늦지 않게 와.

비방적 대인 논증의 개념도

논쟁자의 주장 내용 대신에 인격이나 행동을 공격하여 그 주장을 물리친다.

이 대화에서 아내의 말에 납득하지 못하는 사람이 많을 것이다. 왜냐하면 남편이 한 말이 아니라 남편 자체가 비판받고 있기 때문이다. 심지어 그것을 이유로 남편의 말까지 물리치고 있다.

이처럼, 주장하고 있는 내용이 아니라 논쟁하는 사람의 성격이나 자질을 공격함으로써 그의 주장을 물리치는 것을 '비방적 대인 논증'이라고 한다. 이것은 인격 공격의 하나다. 인격 공격에서는 상대방의 논의가 정당한지 평가할 때 논의 자체가 아니라 논쟁자 고유의(기본적으로는 논쟁자의 주장과는 관계없다고 여겨지는) 부분(인격, 직책, 출신, 과거 경력 등)이 평가된다.

인격 공격에는 여기서 다루고 있는 비방적 대인 논증의 오류를 포함해 크게 세 종류가 있다고 알려져 있다(Hansen, 2020).

나머지 두 개 가운데 하나는 '상황 인신 공격의 오류'이며, 그 사람이 자기 이익에 유리한 것을 주장하고 있다고 상대방을 비난하는 논법이다(상황 인신 공격의 오류는 비방적 대인 논증의 변종으로 본다). 다른 하나는 뒤에서 이야기할 '피장파장(너도 역시) 논법'이다.

비방적 대인 논증이 나왔다면, 당신의 승리가 눈앞에?

비방적 대인 논증으로 공격을 받으면 사람들은 자기의 떳떳하지 못한 점을 의식하게 되며, 자기의 주장이 틀리지 않았을 가능성이 있다는 것을 놓치게 된다. 그 결과, 문제의 본질과는 전혀 상관없는 부분에서 상대방에게 논파당하고 만다.

논쟁 분위기나 상대방과의 관계에 따라서도 상황이 달라지기는 하지만, 상대방이 아무리 정확하게 약점을 찌르더라도 '그것과 이것은 관계가 없다'고 당당하게 주장해야 한다.

그리고, 어쩌면 당신의 승리가 눈앞에 있을 수도 있다는 사실을 꼭 기억하자. 왜냐하면 비방적 대인 논증의 오류를 저지르는 상대방은 당신의 주장에 더 이상 반론을 못하겠다고 생각했을 가능성이 높기 때문이다. 정당하게 논쟁하면 질 것 같으니 논점을 피하고 있는 것이다.

인격과 언행을 분리해서 생각하는 것은 적절한가?

그런데, '인격이나 입장을 주장과 분리해서 생각하는 것은 정말로 옳은 것일까?' 이런 의문을 갖는 사람도 있을 것이다.

예를 들어 정치가가 차별적인 발언을 했다고 하자. 매스컴이나 여론은 '정치가가 그런 말을 하다니!' 하고 일제히 공격할 것이다. 그런데, 동네 술집의 취객이 그런 발언을 했다면 어떨까? 당신은 그의 발언을 전혀 귀담아듣지 않을 것이다. 상황에 따라서는 '무엇을 말했는가'보다 '누가 말했는가'에 방점을 두어 논평하는 것이 긍정되기도 한다.

또는 어떤 사람이 '주부는 편해서 좋겠어'라고 말했다고 해보자. 이런 말을 하는 사람을 어떤 사람이라고 상상할까? 만약, 실제로 주부 역할을 하는 사람이 365일 휴일 없이 일을 한다거나(물론 사람마다 다르겠지만)

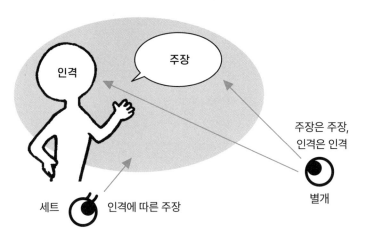

주장과 인격은 별개일까, 세트일까

인격

주장

주장은 주장,
인격은 인격

별개

세트   인격에 따른 주장

주부의 일이 다방면에 걸쳐 있다는 것을 아는 사람은 그런 식으로 말하지는 않을 것이다. 이렇게 생각하면 인격이 언행에 약간은 영향을 미친다고 볼 수 있다. 그렇다면, 논쟁 방법으로는 틀렸다 해도, 상대방의 행동이나 발언에 인격이 많이 반영되고 있다고 생각하여, 그 인격에 의거해 상대방을 공격하는 것이 옳다는 생각도 인정하지 않을 수 없을지 모르겠다.

하지만 출신, 성별, 국적, 인종, 용모, 종교 등 자기 의지로는 바꾸기 힘든 속성을 들먹이면서 공격하는 것은 인간의 존엄을 훼손하는 차별이자 금기임을 반드시 명심하자.

논리학 관련
바이어스

부메랑이 날아오지 않도록 조심하고,
그리고 단단히 각오하라.

10

피장파장 논법
Tu Quoque

의미	상대방의 주장이 본인의 행동과 어긋나는 것을 지적하여 논점을 피함으로써 상대방을 이기려 하는 논법.

관련	비방적 대인 논증(→46쪽)　　허수아비 논법(→54쪽)

당신이 그런 말을 할 수 있는 입장이야?

당신은 카페에서 책을 읽고 있었다. 그런데, 카페 직원들이 싸우는 소리가 들려왔다. 직원 한 사람이 주문을 잘못 받은 것 같으며, 그 직원이 다른 직원한테 책망당하고 있는 것 같다.

직원 1 : 당신은 여기서 일한지가 몇 달이나 되었는데 어떻게 아직도 주
　　　　문 하나 제대로 못 받을 수가 있죠?

직원 2 : 어쩔 수 없잖아요! 비슷한 메뉴가 너무 많다구요!

직원 1 : 리소토와 파스타잖아요! 그 정도는 구별할 수 있어야죠!

직원 2 : 같은 테이블의 다른 손님이 리소토를 주문했으니까 그 일행도
　　　　리소토라고 착각했을 뿐이에요! 뭐야, 아까부터 정말. 당신도

예전에 잘못 서빙한 적이 있잖아요. 당신한테만은 잔소리를 듣고 싶지 않거든요!

'당신도……'라는 말로 시작되는 반론을 당해본 사람들이 많을 것이다. 그리고, 이렇게 반론당할 때 곧바로 반격할 수 있는 사람은 별로 없을 것이다.

'당신도'로 시작되는 공격은 피장파장 논법(너도 역시 논법)이라고 한다. 이 논법은, 지금 공격하려는 상대방에게 바로 그가 지적했던 자기의 잘못을 상대방에게도 지적할 수 있다는 것을 이용하여 비판을 피할 목적으로 이용된다. 피장파장 논법은, 앞에 나온 비방적 대인 논증과 마찬가지로 인격 공격의 하나다.

논의의 본질로 돌아가라

이 논법이 이용되면 왜 상대방은 반론하기 궁해질까?

그것은 '너도 역시'라고 지적받은 부분에 찔리는 대목이 있기 때문이다. 이때 기억해야 할 것은 이것에 설득당할 것 같은 부분은(너도 실수한 적이 있었다는 부분은) 논의의 본질과는 아무 관계가 없다는 것이다.

물론 주문을 착각한 것은 분명히 실수지만, 이 경우에 문제는 '지금, 주문을 잘못 받았다'인 것이다.

따라서 하나의 다른 논점을 지적당해 논파되어버릴 것 같더라도, 지적당한 논점과 관계없는 현재의 문제까지 논파되어버릴 일은 없다.

이것을 근거로 '너도 역시'라고 공격한다면 '지금 그 일은 관계없다'라고, 딱 잘라 말해보자. 그러면 상대방은 논점을 피하는 형태의 반론은 못하게 된다.

피장파장 논법은 내가 지적당한 부분을 상대의 잘못으로 바꿔치기한다

너도 그러잖아!

부메랑을 조심하자

건설적인 논의를 하려면 피장파장 논법은 쓰지 말자. 지적하는 사람도, 지적당한 사람도 세상에 완벽한 인간은 없다는 당연한 사실을 떠올리자.

진흙탕 싸움

논점을 슬쩍 바꿔치기하여 논의를 전개하는 사람은 의외로 많다. 여러분도 누군가와 말다툼을 하다가 '너도 그랬거든!' 하고 반론했던 적이 분명히 있을 것이다. 이 논법은 어떤 사태에서 발뺌하려고 할 때 가장 흔히 쓰는 수단이다.

그런데, 피장파장 논법은 비방적 대인 논증에 대한 반론으로 이용되기도 한다. 다음 예를 생각해보자.

남편 : 여보세요.

아내 : 무슨 일이야?

남편 : 오늘 저녁 식사는 내가 준비하려고 하는데, 뭐 먹고 싶어?

아내 : …… 무슨 바보 같은 소릴 하는 거야? 청소나 세탁도 제대로 못

하는 당신이 요리를 어떻게 해?

남편 : 당신도 제대로 된 튀김 한 번 만들어본 적도 없으면서!

전화라면 그나마 나은 상황일지도 모른다. 이대로 둘 중 하나가 화를 내면서 전화를 끊어버리더라도 아내가 집에 돌아올 때까지 서로 머리를 식힐 여유가 있기 때문이다.

그러나 얼굴을 맞대고 있는 상황이라면 부부싸움은 피할 수 없다. 비방적 대인 논증이나 피장파장 논법을 구사한 싸움은 이처럼 인간관계를 진흙탕으로 만들 가능성이 높다.

'너도 역시'라는 말을 듣지 않으려면

'너도 역시'라는 말을 듣지 않기 위해 가장 좋은 방법은 실수를 하지 않는 것이다. 그러나 사람은 누구든 실수를 한다.

그럼에도 상사와 아랫사람의 관계에서 상사는 아랫사람의 실수를 지적해야 한다. '당신도 역시'라는 말을 듣기 싫어서 상사가 지적하지 않는다면 건강한 상하관계라고 할 수 없으며 바람직한 상사의 자세도 아니다.

유능한 상사는 아랫사람에게 '당신도 역시'라는 말을 들을 위험을 기꺼이 감수하면서 아랫사람을 질책하고 이끌어가는 한편으로 스스로를 다스리는 법이다.

논리학 관련
바이어스

11

허수아비 논법

Straw Man Argument

논점을 슬쩍 바꿔치기하여 가공의 의견을
기정사실화하는 논리.

의미	상대의 주장을 단순화하거나 극단화하는 조작을 하고, 그 왜곡된 주장에 반론하는 것.
관련	체리 피킹(→ 38쪽)　비방적 대인 논증(→ 46쪽) 피장파장 논법(→ 50쪽)

논점은 어디서 바꿔치기되었나?

다음 부부의 대화에서 이상한 곳을 찾아보자.

> 아내 : 제발 담배 좀 끊어! 아이가 담배 연기를 마실 수도 있고, 돈도 아
> 깝잖아.
> 남편 : 뭐 어때. 다른 데 돈을 펑펑 쓰는 것도 아니고, 내 용돈으로 내가
> 좋아하는 담배 사는 게 뭐가 나쁜데! 당신은 매일 마시는 스타벅
> 스 커피, 끊을 수 있어?

남편이 논점을 바꿔치기하고 있는 것을 눈치챘는가? 여기서 아내는
단순히 '건강이 염려되고 금전적인 문제가 있으니 담배를 끊기 바란다'

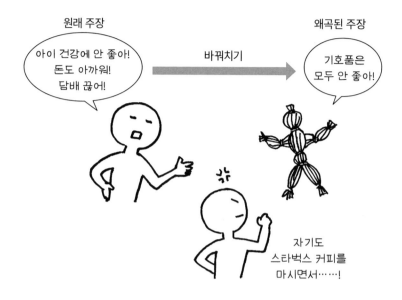

허수아비 논법 개념도

원래 주장 | 바꿔치기 | 왜곡된 주장

아이 건강에 안 좋아! 돈도 아까워! 담배 끊어!

기호품은 모두 안 좋아!

자기도 스타벅스 커피를 마시면서……!

라고 주장하고 있을 뿐인데, 남편은 아내의 주장을 '기호품은 모두 좋지 않다'라는 주장으로 멋대로 바꿔치기하여 아내를 비난하고 자기가 담배 피우는 것을 정당화하고 있다.

이처럼 발언자의 주장을 단순화하거나 극단적인 것으로 멋대로 바꾸고, 그 왜곡된 논점을 비난함으로써 논의를 유리하게 진행시키려 하는 논법을 '허수아비 논법'이라고 한다.

논점을 바꿔치기하여 논의를 유리하게 끌어가려는 논법으로는, 앞에 나온 '피장파장 논법'이나 다음에 나올 '밥 논법' 등을 들 수 있다.

밥이냐 빵이냐, '밥 논법'이란?

'허수아비 논법'이라는 용어는 들어본 적이 없어도 '밥 논법'이라는 말은 들어본 적이 있을 것이다.

밥 논법 개념도

아내 : 오늘은 퇴근이 늦었네. 밖에서 밥 먹고 왔어?

남편 : 아니. 밥은 안 먹었어(술은 마셨지만).

　밥을 먹었냐는 말에 음주(일반적으로 간단한 식사도 포함되는 것이 자연스럽다)를, '밥'과는 다른 것으로 멋대로 바꿔치기하여 아내의 추궁을 피하려고 하고 있다.

　남편은 거짓말을 하지 않고 사실을 말하지 않으려 하고 있는 것이다. 나중에 '안 먹었다고 말 안 했잖아' 하고 비난을 받더라도 '안 먹었다고 한 건 밥이지, 밥 이외의 것을 안 먹었다고 하지는 않았어'라고 주장할 수 있다.

　허수아비 논법은 왜곡된 주장에 대해 공격을 전개하는 것인데, 밥 논법은 원래 질문을 얼버무리는 형태로 전개된다.

　밥 논법에 흔히 등장하는 말에는 '연인', '술', '시험' 등이 있다. 이런 말들의 한 가지 공통점은 얼핏 보기에는 양해가 되어 있는 것처럼 보여서 멋대로 해석할 수 있다는 것이다.

하지만 밥 논법은 그 상황을 벗어나려는 유치한 변명이다. 한 번만 더 몰아붙이면 상대방은 자신의 얕은꾀를 부끄러워하며 백기를 들 것이다.

중립적인 시점을 갖는 것이 중요하다

허수아비 논법 같은 '논점 바꿔치기'가 시도될 때, 원래 논점에서 논점이 빗나간 것을 깨닫지 못하면 이 논법에 휘둘리게 된다.

허수아비 논법으로 비난받고 있는 것을 깨달으면 지금 상대방이 비난하는 주장이, 내가 원래 주장했던 것이었는지 파악하는 것이 중요하다. 이야기를 잘 들어보면 상대방의 주장이 나의 주장에 대한 정당한 비판이 아니라는 것은 금방 알 수 있다.

상대방이 허수아비 논법을 시도하면 상대방에게 '그런 말 안 했다, 논점이 빗나갔다'라고 따끔하게 지적하여 논의를 원래 주제로 되돌리자. 그 점을 늦게 지적할수록 논의는 헛돌게 된다.

절망보다 희망이고, 희망보다 증거다.
증거가 없다면 열정과 책임을 보태자.

12

희망적 관측

Wishful Thinking

| 의미 | 좋은 않은 결과보다 좋은 결과가 일어나리라 기대하는 것. |

| 관련 | 이분법의 오류(→14쪽)   미끄러운 비탈길 논증(→30쪽)
체리 피킹(→38쪽) |

나에게 유리한 것만 예측하고 있지 않은가?

대학 3학년인 당신은 친구 몇 명과 학생 식당에서 점심을 먹고 있다.
친구들이 이런 대화를 나누고 있다.

> 친구1 : 요즘 경기가 안 좋아서 그런지, 올해 기업들이 신규 채용을 엄청
> 줄인대.
> 친구2 : 맞아, 그렇다더라. 난 CA를 준비하고 있는데 난감하다. 올해는
> 항공사도 채용을 많이 안 할 것 같아.
> 친구1 : 나도 입사하고 싶은 회사가 올해 채용 활동에 적극적이지 않은
> 것 같아서 걱정이지만, 내년에는 경제 상황도 나아지겠지. 올해
> 채용을 덜한 만큼 내년에는 더 많이 채용하지 않을까 전망하고,

그렇게 되면 좋겠다고 생각해. 그래, 반드시 그렇게 될 거야!

친구2 : 그래. 내년에는 분명히 많이 채용할 거야.

이런 대화를 나누는 친구들 틈에서 당신은 '일이 그렇게 잘 풀릴까……. 경기가 회복되어 기업 실적이 좋아져도 지금까지의 적자를 메우려면 채용을 늘리지는 않을 것 같은데. 뭔가 자격증이라도 따야 하나.' 하고 생각했다. 이 친구들처럼, 사건을 자기에게 유리한 방향으로 생각하기 쉬운 경향을 '희망적 관측'이라고 한다.

여기서는 주장을 뒷받침할 만한 명확한 증거는 하나도 제시하지 않고 올바른 추론을 하는 것처럼 논의를 진행하고 있다. 희망적 관측에 토대한 논의를 하는 사람은, 체리 피킹에서 본 것처럼 증거를 모으는 방식도 함께 사용하여, 자신의 논지를 그럴듯하게 굳히려 한다.

상대방의 열정에 져버리면……

희망적 관측으로 상대방을 설득했다면 설득된 사람이 희망을 주장하는 사람의 열정에 두 손을 들었기 때문이라고 생각할 수도 있다.

물론, '그런데, 증거는 있어?' 하고 찬물을 끼얹을 수도 있다. 희망적 관측 논법을 구사하는 사람을 물리치는 데는 가장 효과적인 말이다.

그러나 인간관계나 상황에 따라서는 지적하기 쉽지 않다. 예를 들어 회사에서라면, 윗사람의 낙관적인 전망에 대해 '하지만 객관적인 데이터가 없군요. 결국, 주관적인 생각일 뿐인 것 같은데요' 하고 직설적인 반론을 할 수 있을까? 대등한 관계일 때도 상대방에게 상처를 주거나 원망을 들을 가능성이 있다. 그러면, 분위기를 망치고 싶지 않은 '좋은 사람'은 하고 싶은 말을 꿀꺽 삼키게 될 것이다.

결과에 확신이 없는 일을 진행시키려면?

희망적 관측뿐

괜찮아! 절대로 잘될 거야~!

근거는?

희망적 관측+열정+책임

제가 전부 책임질게요!

그럼 한번 해봐!

희망적 관측과 열정은 활용하기 나름

물론, 비즈니스나 스포츠 등에서 '열정'은 평가 대상이 되므로 부정되어야 하는 것은 아니다.

내 주장이 증거도 부족하고 희망적 관측이지만 어떻게 해서든 주장을 관철시키고 싶다면 열정을 무기로 돌진해보아도 좋을 것이다. 단, 그때는 '내가 한 말은 내가 책임진다'는 독한 각오로 들이대야 한다. 각오가 강할수록 그 열정이 크게 전달될 것이다.

참고로, 사람의 감정에 호소하는 것은 열정만이 아니다. '항아리를 사지 않으면 불행이 닥친다'라는 식으로, 사람의 불안이나 공포에 호소하는 방식도 있다. 공포에 호소하는 논법은 '뭔가 하지 않으면 무서운 일이 일어난다'며 설득하는 논법이다. 사람의 감정을 흔들어서 유리한 결론을 끌어내려 하므로 감정에 호소하는 논법 중 하나다.

희망과 절망의 균형잡기

희망적 관측이 있으면 당연히 절망적 관측(바람직하지 않은 결과가 일어날 것을 상상하여 지나치게 절망하는 것)도 있다. 희망적 관측에서 뭔가를 시작하는 사람은 실패해도 '다시 도전하자!' 하고 기분을 바꾸기 쉽다. 그러나 절망적 관측 경향이 강한 사람은 실패하지 않는 대신, 도전도 하지 않는다.

당신이 사업을 시작한다면 어떤 사람과 파트너가 되고 싶은가? 아무리 '근거 없는 자신감'이라도, 자신감 있는 사람과 그렇지 않은 사람의 태도는 하늘과 땅 차이일 것이다.

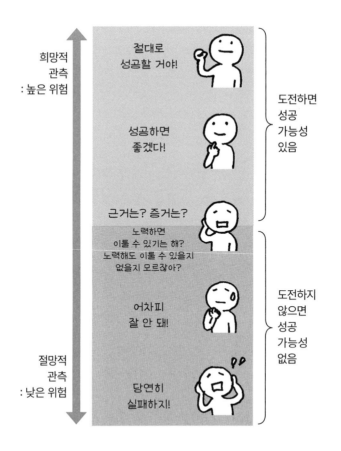

암행어사 이야기에 등장하는 탐관오리들이
저지른 오류.

13

복면남의 오류

Masked Man Fallacy

의미	치환에 대한 지식이 부족하여 생기는 오류.

관련	무더기 패러독스(→18쪽) 다의성 오류(→22쪽) 4개 개념의 오류(→78쪽)

클라크 켄트=슈퍼맨

영화 「슈퍼맨」은 클라크 켄트라는 남자가 사실은 거리의 영웅 슈퍼맨이라는 설정이다. 그럼, 이런 상황을 생각해보자.

어떤 여성은 지인인 클라크 켄트가 슈퍼맨이라는 것을 모른다. 그러나 어느 날 그녀는 지인으로부터 '당신, 슈퍼맨이랑 아는 사이야!?'라는 말을 들었다. 그녀는 클라크 켄트가 슈퍼맨과 동일인물인지 모르고 있으므로 당연히 부정했다.

그러나 그녀는 사실 '클라크 켄트(=슈퍼맨)'와 아는 사이이므로 '아는 사이가 아니다'라고 부정해버리는 것은 틀렸다.

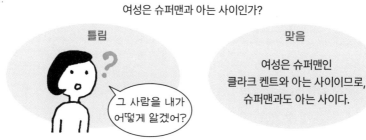

여성은 슈퍼맨과 아는 사이인가?

틀림

그 사람을 내가
어떻게 알겠어?

맞음

여성은 슈퍼맨인
클라크 켄트와 아는 사이이므로,
슈퍼맨과도 아는 사이다.

이 여성은 '복면남의 오류'에 빠져 있다. 이 오류는 에우불리데스가 논했다(라에르티오스, 1984). '아는 사이가 아니다'라고 부정한 이 여성은 무엇이 틀렸을까? 사실은, 명제에 대해 다음이 성립한다.

두 가지 표현(이름 등) e와 e′이 같은 대상을 나타내고 있다고 하자. 또한, 어떤 명제 P가 있고 거기에 표현 e가 등장한다고 하자. 이때 P 속의 e가 있는 곳을 e′으로 치환해도 P의 진위는 바뀌지 않는다.

이처럼 치환 가능한 명제를 외연外延적인 명제라고 한다. 앞의 예에서 '클라크 켄트와 아는 사이'를 '슈퍼맨과 아는 사이'라고 치환해도 이 문장은 여전히 참이며 거짓이 되지 않는다. 단, 본인이 동일인물이라는 것을 모르더라도 이 치환은 성립한다는 점이 골치 아프다.

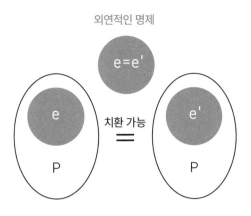

외연적인 명제

e=e'

치환 가능
=

e

P

e'

P

치환할 수 없는 경우가 있다

한편, 치환할 수 없는 특수한 명제도 있다. 그런 명제를 내포內包적인 명제라고 한다. 예를 들면 '믿다' '사랑하다' '바라다' '의심하다' 등이 포함된 명제가 그것이다. 이런 동사들의 특징은 대략적으로는 행위의 주체를(행위를 하는 사람을) 다루거나 바라보는 방식이 문장의 성립에 영향을 준다는 것이다. 다음과 같은 치환 단계를 생각해보자.

단계1 : 어떤 여성이 '클라크 켄트가 찌질한 남자다'라고 믿고 있다.
단계2 : '클라크 켄트'를 '슈퍼맨'으로 치환한다.
단계3 : 어떤 여성이 '슈퍼맨은 찌질한 남자다'라고 믿고 있다.

많은 사람들은 '단계1이 성립한다고 해서 단계2의 치환에 의해 단계3도 성립한다고 생각하는 것은 말이 지나치다!'라고 느낄 것이다.

여기서 사용된 '믿다'가 내포적인 동사이므로 치환할 수 없는 것이다. 이처럼 내포적인 동사가 사용될 때는 처음 예에서 본 것과 같은 치환은 허용될 수 없다.

사실은 어떻게 생각하고 있어?

내포적인 동사가 관계된 경우에는 생각지 못한 문제가 생긴다.

예를 들면 슈퍼맨의 예에서는 '여성은, 그(클라크 켄트=슈퍼맨)를 어떻게 생각하고 있는가?'에 명확한 대답을 내놓을 수 없는 것이다(이 문제에 대한 대답의 예는 '찌질한 남자다' '믿음직한 남자다' '어느 쪽도 아니다' 등 3개다. 하지만 어떤 것도 정답이라고는 할 수 없다). 이것을 통해서도, 사람의 마음이 얽히면 사건이 한층 복잡해진다는 것을 알 수 있다.

내가 믿고 있는 것이 '틀렸다'라고 지적당하거나, 나는 믿지 않는데 '분명히 믿고 있을 것이다'라고 부당하게 책망당한 경험은 누구에게나 있다. 이럴 때 우리는 무심코 그 원인을 자신이나 타인의 부족함에서 찾아내려는 경향이 있다. 그러나 복면남의 오류를 알고 있으면 그 원인이 다른 곳에(치환 방식, 동사의 성질 등) 있을 수도 있겠다고, 즉 다른 관점으로 문제를 파악할 수 있게 된다. 그러면 지금까지와는 다른 문제해결의 힌트를 얻을 수 있을 것이다.

'린다는 은행원이자 페미니스트'라고 생각하는
사람이 많은 이유는?

14

결합오류

Conjunction Fallacy

의미	'A 및 B'와 단순히 'A(또는 B)'라는 선택지가 제시되었을 때, 단순히 'A(또는 B)'일 확률보다 'A 및 B'일 확률이 높다고 판단해버리는 것.
관련	도박사의 오류(→ 42쪽) 신념 바이어스(→ 82쪽)

린다는 어떤 사람일까?

먼저, 다음 문제를 생각해보자.

> 린다는 31살 독신으로, 매사에 솔직하며 아주 똑똑한 여성이다. 대학에
> 서는 철학을 전공했다. 학생 때는 차별이나 사회정의 등의 문제에 깊은
> 관심을 갖고 반핵 시위에 참가했던 경험도 있다.
> 현재 린다의 상황을 말해주는 다음 두 가지 선택지 중에 어느 쪽 가능성
> 이 더 높을까?
>
> ① 린다는 은행원이다.
> ② 린다는 은행원이며 페미니스트 운동에 참가하고 있다.

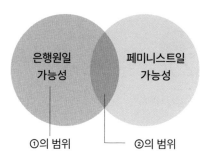

①의 범위 ┬ ②의 범위

아마도 많은 사람이 ②를 고르지 않았을까? 이 문제는 '린다 문제'라고 하며 결합오류의 대표적인 예이다(Tversky and Kahneman, 1983). '결합'이란 '~인 동시에'을 가리킨다.

실제로 실험 참가자 85%가 ②를 선택했다.

그러나 정답, 즉 린다의 현재 상황일 확률이 높은 것은 ①이다.

대표적인 성질이 중요시된다

린다 문제는 대표성 휴리스틱(Kahneman and Tversky, 1972)과 관련지어 말하는 경우가 많다.

휴리스틱이란 되도록 간단하고 유용한 방법을 말하며, 알고리즘(정답에 도달하는 것이 보장되어 있는 일정한 순서)과 대비되어 사용된다. 이때, 어떤 대상이 특정 집단을 얼마나 대표하고 있는지에 토대하여, 그 대상이 그 집단에 속해 있을 확률을 판단하는 휴리스틱이 있다. 이것을 '대표성 휴리스틱'이라고 한다.

그렇다면, 린다 문제에서는 대표성 휴리스틱이 어떻게 작용할까?

①과 ② 중에서 '은행원이다'는 모든 선택지에 공통된 성질이다. 원래

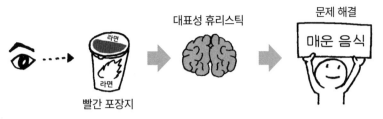

휴리스틱이란?

대표성 휴리스틱

문제 해결

매운 음식

빨간 포장지

논리적 과정이 아니라 직감에 따른 문제 해결의 지름길.
그중에서도 대상의 대표 성질에 착안하여 판단하는 것을
'대표성 휴리스틱'이라고 한다.

라면, 한 가지 조건만 가진 선택지가 린다의 성질로 성립할 확률이 높다고 판단될 것이다.

그런데, 많은 사람들은 린다가 가진 특징적 성질에 지나치게 주목한다. 그래서 제시된 린다의 특징이 '전형적인 은행원'보다 '페미니스트 운동을 하고 있는 전형적인 은행원'과 유사성이 높다고 판단해버린 것이다.

즉, 사람들은 린다가 가진 성질이(차별이나 사회정의에 관심이 있고 시위에 참가함) 페미니스트가 가질 만한 대표적인 성질을 만족하고 있다고 느껴서, 페미니스트일 가능성을 과대평가해버린 것이다.

사물이나 사람에 대해 지나친 기대를 한다

이런 착오에 빠지면 사물이나 사람에 대해 잘못된 평가를 하기 쉽다. 예를 들어 당신이 새 컴퓨터를 사려고 한다고 해보자. 그것은 고성능이고 인기도 높은 상품이다. 이 착오에 빠져 있으면 당신은 새 컴퓨터에 지나친 기대를 품는다.

즉, 이 컴퓨터가 '단순히 고성능 컴퓨터'일 확률과 '고성능이고 쓰기 편한 컴퓨터'일 확률 중 어느 쪽이 높을지를 생각했을 때, 후자가 성립할 확률이 높을 것이라고 지나친 기대를 한 채 판단해버리는 것이다.

하지만 실제로는 '단순히 고성능 컴퓨터'일 확률이 높은 것이다.

조건이 늘어나면 해당 범위가 좁아진다

그러면, 이런 착오에 빠지지 않으려면 어떻게 하면 좋을까?

'린다 문제'로 돌아가 생각해보자. 페미니스트이자 은행원인 사람은 은행원인 사람들의 일부다(컴퓨터의 예로 말하자면, '고성능이고 쓰기 편한 컴퓨터'는 '고성능 컴퓨터'의 일부다).

페미니스트라는 조건이 더해진 만큼, 그 성질을 만족하는 사람의 수는, 어떤 조건도 붙어 있지 않은 은행원 수보다 반드시 적어진다. 그러므로 린다가 은행원이자 페미니스트 운동에 참가하고 있을 확률 역시, 단순히 린다가 은행원일 확률보다 높을 수 없다.

이처럼 '결합(~인 동시에)' 작용에 주의를 기울여 대표성 휴리스틱 같은 휴리스틱에 의존하는 형태로 생각하지 않도록 평소에도 꼼꼼하게 확인하는 습관을 들이자.

여대생도, 채용 담당자도 빠지기 쉬운
잘못된 추론.

15 전건 부정

Denying The Antecedent

의미	'만약 A이면, B이다' → 'A가 아니다' → '따라서 B가 아니다'라는 형태의 추론에 관한 오류.
관련	후건 긍정(→74쪽)

파스타 대신 리소토를 고른 것은 잘한 걸까?

어떤 카페의 한 장면을 생각해보자. 옆 테이블에서 여대생 2명이 신나게 메뉴를 고르고 있다.

> 여대생1 : 오늘은 파스타를 먹고 싶어. 그런데 요즘 살이 쪄서 그냥 샐러드만 먹을까 싶기도 하구.
>
> 여대생2 : 흠, 이 파스타 맛있을 것 같은데. 케이크도 먹을까?
>
> 여대생1 : 파스타는 탄수화물이잖아. 살찌는 것은 확실하지. 그건 곤란한데, 어떡하지…….
>
> 여대생2 : 그럼, 리소토 먹을래?
>
> 여대생1 : 그래!

전건 부정의 구조

조건문 만약 A이면, B이다
예 : 파스타를 먹으면 탄수화물을 먹는 것이 된다

전건을 부정한다 A가 아니다.
예 : 파스타를 먹지 않는다.

후건의 부정을 결론짓는다 따라서, B가 아니다.
예 : 따라서, 탄수화물을 먹지 않는다.

시트콤의 한 장면 같지만, 일부러 알기 쉬운 예를 제시한 것이다. 구체적으로 여대생들이 어떤 오류에 빠져 있는지 살펴보기 전에 먼저, 용어와 간단한 추론 규칙을 알아보자.

예문에서는 'A이면 B' 형태의 문장이 사용되고 있는데, 이것을 조건문이라고 한다. 이때, 조건문의 전반부(여기서는 A)를 전건前件, 조건문의 후반부(여기서는 B)를 후건後件이라고 한다.

이때 'A이면 B'라고, 'A'에서 'B'를 이끌어낼 수 있다. 이것은 모두스 포넌스(modus ponens, 전건 긍정)라는 추론 규칙이다. 이것을 토대로 카페의 여대생들이 어떻게 생각했는지, 그들의 사고 과정을 따라가보자.

이때 '파스타를 먹으면, 탄수화물을 먹는 것이 된다'는 조건문 'A이면 B' 형태이다. '파스타를 먹는다'는 'A(전건)'이고 '탄수화물을 먹는다'는 'B(후건)'이다. 그리고, 전건을 부정해보면 '파스타를 먹지 않는다(A가 아니다)'가 된다. 이어서 후건의 부정은 '탄수화물을 먹지 않는다(B가 아니다)'가 된다.

여기서 그녀들은 'A이면 B'와 'A가 아니다'에서 'B가 아니다'를 이끌어내고 있다. 이런 형태의 추론은 전건 부정이라고 하며, 이것은 오류다.

파스타와 탄수화물을 둘러싼 충분조건과 필요조건

조건문 'A이면 B'는 'A가 아니면 B가 아니다'라고 추론하도록 유도하는 것이다. 이것을 유도추론이라고 한다(Geis and Zwicky, 1971).

이때 'A가 아니면 B가 아니다'는 'B이면 A'와 같아진다.

파스타(A), 탄수화물(B), 리소토(C)의 관계

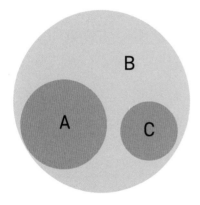

A가 아니라도 B의 여지(파란색 부분)는 있으므로 'A가 아니기 때문에 B가 아니다'라고는 말할 수 없다.

그러면, 'A이면 B'에서 'B이면 A'가 나오는 경우는 있을까? 물론, 그런 경우는 없다. 애시당초 'A이면 B'가 나타내는 조건문에서 전건은 후건의 충분조건일 뿐이며, 필요조건이라는 것까지는 주장하고 있지 않다.

이것을 앞의 예를 이용하여 살펴보자. '파스타'는 '탄수화물'의 충분조건이지만 필요조건이 아니다. 탄수화물을 섭취했다고 해서 그것이 반드시 파스타라고는 할 수 없기 때문이다.

이리하여 그녀들은 '파스타를 먹지 않으면 탄수화물을 먹지 않는다'를 이끌어내고, '파스타를 먹지 않음(리소토를 먹음)'과 더불어, 리소토 역시 탄수화물인데도 '탄수화물을 먹지 않는다'라는 이상한 결론을 내리고 말았던 것이다.

일상 속에 숨어 있는 전건 부정

여기까지 살펴본 여대생들의 사례를 보고, '나는 전건 부정 따위를 할 정도로 바보는 아니야'라고 생각하는 사람이 많을 것이다.

그러나 전건 부정의 구조는 우리의 일상생활이나 업무 현장 등에도 교묘하게 숨어 있다. 예를 들어 당신은 아래 대화가 약간 이상하다는 것을 느낄 수 있는가?

> 채용 담당자1 : 최종면접자 김우수와 이상만, 둘 중 누구를 뽑죠?
>
> 채용 담당자2 : 오, 김우수는 S대 출신이군. 훌륭한 인재야.
>
> 채용 담당자1 : 이쪽 이상만은 지방 국립대학을 나왔네요.
>
> 채용 담당자2 : 그럼 역시 S대 출신인 김우수를 채용하지.

물론, S대를 나온 김우수가 대단히 스펙이 좋고 학부를 수석 졸업하는 등, 뛰어난 경력을 가졌을 가능성도 있다.

그러나 만약 이 채용 담당자들이 출신 대학에만 중점을 두어 채용을 고려하고 있다면 전건 부정에 빠져 있을 가능성이 있다. 그들의 대화 어디에 전건 부정 구조가 포함되어 있는지 살펴보자.

'S대생(A)이면 우수하다(B). 그러나 이상만은 S대생이 아니다(A가 아니다). 따라서, 우수하지 않다(B가 아니다)'

불합격이라는 불행이 기다리고 있을 지방 국립대 출신 '이상만'이 이 대화를 듣는다면 'S대를 안 나왔다고 우수하지 않은 것은 아니죠! 지방 국립대에도 우수한 인재는 많이 있다구요! 채용 기준이 정말 형편 없네요!' 하고 분노할 것이다.

논리학 관련
바이어스

그 열은 인플루엔자 때문일까,
아니면 단순 감기일까……?

16

후건 긍정

Affirming The Consequent

의미	'만약 A이면, B이다' → 'B이다' → '따라서, A이다'라는 형태의 추론에 관한 오류.
관련	전건 부정(→70쪽)

정말로 인플루엔자에 걸렸을까?

다음 사례를 상상해보자.

> 아이가 열이 펄펄 끓으며 앓아누웠다. 갑자기 열이 났으므로 원인을 아
> 직 모르는데, 어머니는 이렇게 생각했다.
> '인플루엔자에 걸리면 열이 펄펄 끓잖아. 이렇게 고열에 시달리니 분명
> 히 인플루엔자에 걸린 거야.'

앞에 나온 전건 부정을 알고 있는 여러분은 이 어머니의 추론 과정이
이상하다는 것을 금방 알았을 것이다. 이 어머니가 어떻게 생각했는지,
'전건' '후건' '조건문' 등의 용어에 맞춰서 생각해보자.

후건 긍정의 구조

조건문 만약 A이면, B이다
예 : 인플루엔자에 걸리면 열이 난다.

후건을 긍정한다 B이다.
예 : 열이 난다.

전건을 결론 내린다 따라서, A이다.
예 : 따라서, 인플루엔자에 걸렸다.

조건문 'A이면 B' : 인플루엔자에 걸리면 열이 난다.

전건 'A' : 인플루엔자에 걸린다.

후건 'B' : 열이 난다.

여기서 어머니는 'A이면 B(인플루엔자에 걸리면 열이 난다)'와 'B이다(열이 난다)'에서 'A이다(인플루엔자에 걸렸다)'를 이끌어내고 있다. 이런 형태의 추론은 '후건 긍정'이라고 하며 잘못된 추론이다.

보다 복잡한 변환

전건 부정과 마찬가지로, 후건 긍정에서도 유도추론(조건문 'A이면 B'는 'A가 아니면 B가 아니다'라고 추론하도록 유인한다)이 잘못된 결론을 이끌어내고 있다.

'A이면 B'에서 'A가 아니면 B가 아니다'를 이끌어낼 수 있다면, 이것과 동등한 조건문 'B이면 A'도 이끌어낼 수 있지만, 'A이면 B'에서 'B

조건문과 논증의 올바름 조합

	조건문		긍정 or 부정	결론	논증의 올바름
	전건	후건			
모두스 포넨스 (modus ponens, 전건 긍정)	A	B	A이다	B이다	옳음
전건 부정	A	B	A가 아니다	B가 아니다	틀림
후건 긍정	A	B	B이다	A이다	틀림
모두스 톨렌스 (modus tollens, 후건 부정)	A	B	B가 아니다	A가 아니다	옳음

이면 A'는 이끌어낼 수 없다.

여기서 어머니는 'A이면 B(인플루엔자에 걸리면 열이 난다)'에서, 'B이면 A(열이 나면 인플루엔자에 걸렸다)'도 성립한다고 착각하여 지금 열이 난다는 상황에서 'A이다(인플루엔자에 걸렸다)'라고 생각해버린 것이다.

실제로는 열이 난다고 해서 반드시 인플루엔자에 걸렸다고는 할 수 없으며, 단순한 감기나 다른 병일 가능성도 있다.

일상 속에 숨어 있는 후건 긍정

후건 긍정을 추론하기 위해서는 유도추론에 홀리지 않는 것이 중요하다. 사람은 추론을 할 때, 자기가 생각하는 이상으로 'A이면 B'가 성립할 때, 동시에 'B이면 A'도 성립한다고 생각해버린다.

다음 예도 생각해보자.

S대를 나오면 우수하다. 지금 면접을 본 김우수는 우수하다. 따라서,

김우수는 S대를 나온 것이 틀림없다.

이 주장은 잘못되었다. S대 출신 중에도 우수한 사람은 있겠지만, 지방 국립대 출신 중에도 우수한 사람은 많다.

이처럼, 무의식중에 전건 부정이나 후건 긍정 같은 잘못된 추론을 해버리는 사람이 아주 많다.

그러면, 다음과 같은 조건문은 어떨까?

C가 여성이라면, C는 치마를 입는다.

'C가 치마를 입으면, C는 여성이다'도 동시에 성립한다고 생각한 사람도 많을 것이다. 여자 화장실 마크나 중고생 교복 등, 치마가 여성을 나타내는 아이콘 중 하나이기도 하므로 사회통념상 그런 사고의 흐름은 자연스럽다고 할 수 있다.

그러나 여기서 '여자라면 치마를 입어야 한다' '남자는 치마를 입지 말아야 한다' 등으로 생각이 발전해버리면 어떻게 될까?

이런 '단정'은 다양한 가치관을 받아들이려는 현대적인 흐름을 거스르는 것에 불과하다.

'조건문'을 사용하여 논의하고 있는 것을 깨달았다면 발언을 멈추고 혹시 잘못된 추론을 하고 있지는 않은지 생각해보자. 그런 습관을 들이면 잘못된 판단을 하는 일도 줄어들 것이다.

개념의 개수를 세어보면 논의나 판단의 함정을
피할 수 있다.

17

4개 개념의 오류

Fallacy of Four Terms

의미	삼단논법에 이용되는 3개의 개념에 네 번째를 더함으로써 생기는 오류.
관련	다의성 오류(→22쪽) 복면남의 오류(→62쪽) 신념 바이어스(→82쪽)

일상의 대화에도 삼단논법이 많이 숨어 있다

우리는 보통, 무의식중에 삼단논법(서로 다른 2개의 전제가 되는 명제에서 결론이 되는 하나의 명제를 이끌어낸다) 논증을 하고 있다. 아버지와 아들의 대화를 보자.

아버지 : 생물은 모두 나이를 먹는단다.

아들 : 그럼, 야옹이도 나이를 먹어요?

아버지 : 그렇지.

이런 대화도 삼단논법 형태를 하고 있다. 단, 엄밀하게 말하면, 이 대화에서 읽어낼 수 있는 전제는 '모든 생물은 나이를 먹는다' 하나와, 결론 '야옹이는 나이를 먹는다'이다. 즉, 전제가 되는 명제가 하나 부족

하다. 여기서는 '야옹이는 생물이다'라는 전
제가 생략되어 있다.

이렇게 삼단논법의 두 가지 전제 가운데
하나(결론이 생략되어도 된다)가 생략된 논증은 '생
략삼단논법'이라고 한다. 물론, 아버지와 아
들 사이라면 이 전제가 너무 명백해서 굳이
말하지 않아도 대화는 성립한다. 이처럼 평
범한 일상대화에서도 무의식적으로 삼단논
법의 추론이 이루어지고 있다.

생략삼단논법

전제1(대전제) :
생물은 모두 나이를 먹는다

생략

전제2(소전제) :
야옹이는 생물이다

결론 :
야옹이는 나이를 먹는다

삼단논법의 잘못된 사용법

삼단논법은 생략삼단논법 같은 형태로 의외로 가까운 곳에 숨어 있
으므로 잘못된 형태로 사용되기도 한다.

삼단논법을 잘못 사용하지 않기 위해 반드시 지켜야 하는 것이 몇
가지 있다. 그중 하나가 '사용하는 개념은 3개뿐이다'라는 것이다. 앞의
예에서는 '생물' '야옹이' '나이를 먹는다'라는 3개의 개념만 이용되고
있으므로, 삼단논법이 올바르게 사용되고 있다. 그럼, 다음 예를 보자.

> 생후 3개월 이내의 아이가 있는 사원은 모두 육아휴직을 할 수 있다. 아
> 이를 갓 낳은 사원은 모두 생후 3개월 이내의 아이가 있다는 것이 된다.
> 따라서, 아이를 낳은 사원은 모두 육아휴직을 할 수 있다.

일상 대화에서 이런 식으로 말하면 '맞는 말'이라고 무심코 넘겨버리
는 사람도 있을 것이다. 그런데, 이 예는 다음 4가지 개념이 사용되고

있으므로 잘못된 논증이다.

> 개념1 : 생후 3개월 이내의 아이가 있는 사원
>
> 개념2 : 육아휴직을 할 수 있다
>
> 개념3 : 아이를 갓 낳은 사원
>
> 개념4 : 아이를 낳은 사원

만약 개념4의 '아이를 낳은 사원'이 없다면 '아이를 갓 낳은 사원은 모두 육아휴직을 할 수 있다'라는 결론을 이끌어낼 수 있게 된다. 이때 '아이를 낳은 사원'은 반드시 아이를 갓 낳았다고는 할 수 없다. 예를 들면 '초등학교 5학년생 아이가 있는 사원'도 '아이를 낳은 사원'이다.

이렇듯, 사용할 수 있는 것이 3가지뿐인 개념을 4가지 사용해버림으로써 생겨나는 잘못된 추론을 '4개 개념의 오류'라고 한다.

그것을 생각하면서 다음 예를 보자.

> 2020년 연봉이 3,000만 원 이하인 사람은 지원금을 받을 수 있다.
>
> A는 연봉이 3,000만 원 이하이다.
>
> 따라서 A는 지원금을 받을 수 있다.

여기에는 다음 4가지 개념이 포함되어 있는데, 하나씩 추려보자.

> 개념1 : 2020년 연봉이 3,000만 원 이하인 사람
>
> 개념2 : 지원금을 받을 수 있다
>
> 개념3 : A

개념4 : 연봉이 3,000만 원 이하

　A는 개념1(2020년 연봉이 3,000만 원 이하인 사람)에 해당하면 지원금을 받을 수 있는데, 개념4(연봉이 3,000만 원 이하)만으로는 지원금을 받을 수 없다. 즉, 쓸데없는 개념4가 들어감으로써 오도되고 있는 것이다.

개념의 수를 세어보자

　생략삼단논법의 예에서도 보았듯이, 삼단논법은 의외로 가까운 데서 사용되고 있다. 뒤집어 말하면, 나도 모르게 삼단논법에서 잘못된 추론을 하고 있을 가능성도 많은 것이다.

　육아휴직과 지원금의 두 가지 예는, 개념이 4가지 사용되고 있는 것을 비교적 간파하기 쉬웠을 수도 있다. 그러나 글이 아니라 말로, 교묘한 표현을 사용하여 말로 한다면 그것을 간파하기는 쉽지 않다.

　예를 들어 당신이 조건에 해당된다는 그럴듯한 말을 듣고, 뭔가를 신청하거나 물건을 샀다고 해보자. 그러나 나중에 조건을 만족하지 못했으므로 '계약 불이행이다' '계약을 위반했으니 환불해줄 수 없다' 같은 말을 들은 적은 없는가?

　또는, 어떤 제도나 지원금을 신청하려 했는데 알고 보니 조건을 만족하지 못해 신청 수속이 헛수고로 끝난 적은 없었는가?

　그러나 4개 개념의 오류를 알고 있다면 먼저 개념의 수를 헤아려봄으로써 어떤 함정이 있을 가능성을 의심하게 된다. 그 결과, 이전보다 올바른 판단을 이끌어낼 수 있게 될 것이다.

사람은 타당성보다 신념에 의한 판단을
앞세우기도 한다.

18

신념 바이어스

Belief Bias

의미	결론을 내렸을 때 그 결론이 그럴듯하다고 느껴지는지 여부가, 논리적 판단을 하려는 경우에도 영향을 미치는 것.

관련	결합오류(→66쪽) 4개 개념의 오류(→78쪽) 신념의 보수주의(→86쪽)

악덕 기업의 궤변

아래에서 전형적인 악덕 기업의 일상적인 상황을 살펴보자.

> A는 비정규사원으로 이 회사에서 몇 년째 일하고 있다. 회사에서는 야근을 밥먹듯 하는데, 야근수당을 신청하지 않는 분위기다. 예전에 A의 직속 상사는 이렇게 말했다.
>
> '정사원은 야근수당을 신청하지 않고, 나도 신청하지 않아. 그러니까 당신은 비정규직이지만 야근수당은 신청하지 말아요'
>
> 이런 말을 들은 A는, 이제 상사가 한 말에 의문을 품지도 않고 야근을 계속하고 있다.

A가 이대로 계속 일을 한다면, 언젠가는 과로로 쓰러지고 말 것이다. 이때, A는 상사의 주장이 올바른 논증에 의해 이끌어내어졌다고 느꼈을지도 모르지만, 객관적으로 보면 궤변에 불과하다. 회사는 모든 노동자에게 반드시 야근수당을 지급해야 한다.

그러나 A는 악덕 기업문화에 익숙해짐에 따라 야근수당을 신청하지 않는 것이 당연하다고 여기고, 심지어 미덕으로 여기게 될 수도 있다. 이렇게, 이끌어내진 결론이 '믿을 수 있는' 내용일 때, 그 결론이 부당한 논증에 의해 이끌어내어졌더라도, 사람은 그 결론을 믿어버리는 경우가 있다(Evans et al., 1983). 이렇듯 신념이 추론에 영향을 미치는 것을 '신념 바이어스'라고 한다.

즉, 논증에 의한 결론의 올바름보다 신념이 더 중시되는 것이다. 그런데, 신념은 왜 이렇게 중시되는 것일까?

논증의 타당성과 신념의 충돌

삼단논법에서는 논증의 타당성과 명제의 진위를 구별해서 논의해야 한다. 논증의 타당성을 검토할 때는 이것을 반드시 의식해야 한다. 논증이 타당하다고 해서 결론을 반드시 믿을 수 있는 것은 아니기 때문이다(85쪽 <그림1> 참조).

결론이 타당한 논증에 의해 도출되었는지 그렇지 않은지, 그 결론이 신념과 일치하는지 그렇지 않은지를 조합으로 선택지를 생각했을 때, 다음과 같은 4가지를 만들 수 있다.

① 논증이 타당하고 · 결론이 신념과 일치

② 논증이 타당하지만 · 결론이 신념과 불일치

③ 논증이 부당하지만·결론이 신념과 일치

④ 논증이 부당하고·결론이 신념과 불일치

신념 바이어스를 생각할 때는 ③ '논증이 부당하지만·결론이 신념과 일치'인 경우가 특히 중요하다.

많은 사람들은 논증이 '타당한가·부당한가'를 판단하는 것은 힘들어한다. 반면에, 결론이 '신념과 일치하는가·일치하지 않는가' 판단하는 것은 간단하다. 그러므로 논증의 타당성과 신념이 충돌할 때, 신념을 기준 삼아 판단하기 쉽다.

이것은 '논리와 신념이 충돌할 때는 신념을 우선한다'라는 일종의 휴리스틱을 적용한 결과로도 볼 수 있다.

앞의 예를 생각해보자. 상사의 말도 그럴듯한 것 같고, 내려진 결론도 신념과 일치한다고 생각해버린다면 A는 상식적으로는 옳지 않은 회사 내의, 위법적인 관례나 법규를 아무 의심 없이 계속 받아들이게 될 것이다.

신념 바이어스에 대해 알고 있다면 그 결론을 의심할 수 있게 되며, A는 옳다고 믿던 악덕 기업의 관행에 눈을 뜰 수 있게 될 것이다.

신념은 의외로 믿을 수 있다?

그러나 당신이 품고 있는 신념이 틀리지 않은 이상, 신념을 중시하여 사물을 판단해도 대부분의 일들을 잘 되어간다는 지적도 있다. 예를 들면 〈그림1〉의 [논증2] 결론은 부당한 추론에 의해 도출된 것이지만 결론 자체는 믿어도 문제 없어 보인다(Anderson, 1982). 그러므로, 신념 바이어스에 빠지는 것에 너무 예민해질 필요는 없다고도 말할 수 있다.

<그림1> '논증의 타당성'과 '명제의 진위'에 대해

논증에 타당성·부당성 구별이 있는 것처럼, 명제에도 '진위' 구별이 있다.
이 '논증의 타당성'과 '명제의 진위'는 구별해서 논의해야 한다.
다음 두 가지는 타당한 논증의 예이다.

[논증1]
전제1 : 고양이는 모두 나이를 먹는다
전제2 : 야옹이는 고양이다
결론 : 따라서, 야옹이는 나이를 먹는다

[논증2]
전제1 : 고양이는 모두 나이를 먹는다
전제2 : 바둑이는 고양이다
결론 : 따라서, 바둑이는 나이를 먹는다

[논증1]에서 야옹이가 고양이일 때, [논증1]의 전제는 모두 참이
며 결론을 믿을 수 있다.
한편, [논증2]에서는 바둑이가 개라면 전제 하나가 거짓이므로
[논증2]의 결론은 믿을 수 없다.
이렇게, 결론을 믿을 수 있는지 없는지를 생각할 때는 '타당한
논증인가'와 '전제가 참인가'를 알아내는 데 주의를 기울여야
하며, 아래와 같은 조합이 존재한다.

① 타당하며, 참인 명제를 이용한 논증
② 타당하지만, 거짓인 명제를 이용한 논증
③ 부당하지만, 참인 명제를 이용한 논증
④ 부당하며, 거짓인 명제를 이용한 논증

추론을 하여 결론을 믿을 수 있는 것은 ①뿐이다.

너무 신념에만 치우쳐 있는 것 같은 느낌이 들 때는 논리적으로 올바
른지 의심해보고, 너무 논리에만 의존해서 딜레마에 빠졌을 때는 신념
에 의존해보는 것도 하나의 돌파구가 된다. 이런 식으로 생각하면 훨
씬 균형 잡힌 사고를 할 수 있다.

한 번 믿으면 그것을 버리기가 너무 힘든
이유는 뭘까?

19

신념의 보수주의

Belief Conservatism

의미	정보가 주어져도 즉석에서 신념을 충분히 업데이트하지 못한다.

관련	신념 바이어스(→82쪽)　상식 추론(→90쪽)

한번 의심하면, 그 의심이 사라지는 데는 시간이 걸린다

당신이 아주 싫어하는 사람 얼굴을 떠올려보자. 언젠가 그 사람을 좋아하게 될 날이 온다고 상상할 수 있는가? 대부분의 사람은 부정할 것이다. 그러나 다음의 소소한 케이스처럼, 타인에 대한 평가나 의심이 몇 가지 단계를 거쳐 풀렸던 경험을 가진 사람은 많을 것이다.

나는 평소에 후배 A가 아주 성실하지만 일은 잘 못한다고 느끼고 있었다. 나의 상사도 A에 대해 우려하고 있다.

어느 날, A는 계약하기 힘들기로 유명한 병원에, 오늘도 아침부터 찾아가겠다고 말했다. 나는 '쯧쯧, 오늘도 헛수고하겠네' 하고 생각했는데 오후에 A한테 문자가 왔다. 계약이 성사되었다는 문자였다. 믿을 수 없었다. 그 후, 회사에 돌아온 A가 상사에게 신나게 보고하는 것을 보았다. 그리고, 상사에게 확인해본 다음에야 비로소 나는 A가 정말로 계약을 따냈다는 것을 믿게 되었다.

이처럼 인간이 신념을 바꾸는 것은 단시간 내가 아니라 천천히 진행되는 것은 신념의 보수주의와 관련이 있다.

주머니 1을 선택할 확률은?

신념이 얼마나 보수적인지를 나타내는 실험이 있다.

> ① 빨간 칩과 파란 칩이 각각 다음과 같은 비율로 들어 있는 주머니 2개
>   를 준비한다.
>   주머니1(빨간 칩 700개, 파란 칩 300개)
>   주머니2(빨간 칩 300개, 파란 칩 700개)
> ② 2개의 주머니 중에서 하나를 고르고 거기서 칩을 몇 개 꺼낸다.
> ③ 이때, 피험자에게 칩을 꺼내기 위해 이용한 주머니가 '주머니1'일 확
>   률을 물었더니 0.5라고 대답한다.
> ④ 여기서, 선택한 칩 12개 중에서 8개가 빨강이고, 4개가 파랑인 것을
>   피험자에게 알린다.
> ⑤ 다시 한 번 피험자에게 '주머니1'을 이용한 확률을 묻는다.

이때, 많은 피험자가 '주머니1'을 이용한 확률은 0.7~0.8일 것이라고 답했다. 이것은 베이즈 정리Bayes' theorem를 이용하면 계산할 수 있는데, '주머니1'을 이용한 확률은 0.97이다.

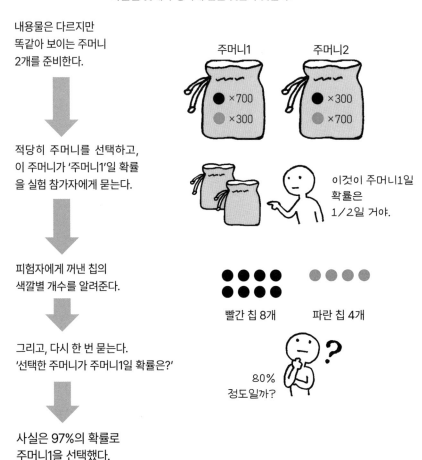

내용물은 다르지만
똑같아 보이는 주머니
2개를 준비한다.

적당히 주머니를 선택하고,
이 주머니가 '주머니1'일 확률
을 실험 참가자에게 묻는다.

피험자에게 꺼낸 칩의
색깔별 개수를 알려준다.

그리고, 다시 한 번 묻는다.
'선택한 주머니가 주머니1일 확률은?'

사실은 97%의 확률로
주머니1을 선택했다.

즉, 12개의 칩 가운데 8개가 빨간 칩이므로 '주머니1'을 이용했을 확률이 분명히 높을 텐데, 많은 사람이 2개의 주머니 가운데 하나를 선택할 확률이 0.5라는 최초의 사실에 이끌려서 실제 확률보다 낮은 확률을 대답한 것이다. 이것을 통해 인간은 신념을 바꾸는 데 보수적이라는 것이 지적된다(Edwards, 1968).

신념을 바꾸기는 아주 어렵다

앞에서 신념 바이어스에 대해 설명했다. 비록 잘못된 결론이라도 나의 신념과 일치하면 옳다고 생각해버릴 정도로 신념은 굳건하다는 것이다. 그러나 신념 바이어스에 빠져 있더라도 냉정하게 논리적으로 생각하면 그 오해를 스스로 깨달을 수 있다.

반면에, 신념 자체를 바꾸는 것은 생각만큼 쉽지 않다. 그것은 적어도 다음 두 가지 이유를 생각할 수 있다고 한다.

● 진화론적인 이유

● 어떤 신념을 바꾸면 좋을지를, 일반적으로는 간단히 결정할 수 없다
   는 이유

부모님이 처음에는 결혼을 반대했지만, 결국은 허락한 경험을 갖고 있는 사람들이 많을 것이다. 부모님은 처음에는 절대로 결혼을 인정할 수 없다고 했다. 그런데 두 사람의 진지함에 조금씩 누그러져 '너희 둘이 그렇게까지 좋아한다면 어쩔 수 없구나.' 하고 결국은 고집을 꺾게 된다.

이렇게, 신념을 바꾸는 것은 완만하게 진행한다는 사실을 알면 보다 좋은 인간관계를 만들 때 하나의 힌트가 된다.

논리학 관련
바이어스

컴퓨터와 달리 인간은 나름의 방법으로 매일매일
업데이트하고 있다.

20

상식 추론
Commonsense Reasoning

의미	인간이 일상생활 속에서 수행하고 있는 추론.
관련	신념의 보수주의(→86쪽)

펭귄이 새라는 것을 알고 많이 놀라셨죠?

어렸을 적에 펭귄이 조류라는 사실에 놀랐던 사람이 많을 것이다.

'아니, 그건 새가 아냐. 날지도 못하고 바닷속을 헤엄도 치는데……'
라고 말이다. 그 무렵에는 '전형적으로 새는 날아다니는' 존재라고 생
각했으므로 펭귄이 새라는 것을 받아들이기 힘들었을 것이다.

우리들 인간은 어떤 목적을 갖고, 그것을 실행하는 수단을 통해 최
적의 것을 선택하여 실행하고 있다. 이런 특징을 가진 우리가 주변이나
우리가 처한 상황과 환경의 리액션으로 일상적으로 사용하는 논리를
'상식 추론'이라고 한다. 이럴 때 '전형적으로 새는 날아다닌다'처럼, 일
반적인 지식이나 평범한 삶에서 습득한 '대개 언제나 이러하다'라는 생
각 등도 추론의 정보로 이용된다.

이런 능력은 사회생활을 하는 데 대단히 중요한 작용을 한다. 예를 들면 '지하철은 줄을 서서 기다리는 것이다'라든지 '어르신은 공경해야 한다' 등의 통념을 바탕으로 사회의 질서가 유지되고 있다.

일상생활에서도 우리는 매일 상식 추론을 이용하여 주변 사람들과의 관계를 적절하게 구축하고 있다. 예를 들어 다음과 같은 경우를 생각해보자.

당신은 쉬는 시간에 당신이 마실 커피를 내리려고 생각했다. 당신 옆자리에서는 선배가 아침부터 내일의 회의 자료를 열심히 만들고 있다. 그래, 선배에게도 커피를 한 잔 주자. 선배는 블랙커피를 자주 마시니까, 블랙커피를 주면 되겠지. 이렇게 생각하고 당신은 커피를 내려서 선배에게 가져갔다…….

> 당신 : 선배. 커피 내렸는데 마실래요?
> 선배 : 아, 고마워.
> 당신 : 평소에 선배가 마시던 대로 블랙커피예요.
> 선배 : 고마워. 하지만 오늘은 좀 피곤해서 단 커피를 마시고 싶었는데.
>   어쨌든 고마워. 잘 마실게.

호의로 했던 행동이었던 만큼, 당신은 충격을 받았을 것이다.

그러나 우리가 무심코 상식 추론을 많이 한다는 것을 의식하면, 상식 추론에 사용할 수 있는 정보를 매일 업데이트하여 상대방의 상황을 고려한 배려를 할 수 있다.

AI에게도 필요한 상식 추론

상식 추론에서는, 모두스 포넌스(→71쪽) 같은 추론 규칙만이 아니라 일반적인 지식도 추론에 이용된다.

상식 추론 같은 추론 형식은 인공지능(AI) 설계에도 필수적이며 컴퓨터에도 우리가 평소 사용하는 지식을 탑재하는 일이 점점 가능해지고 있다. 예를 들어 앞에 나온 펭귄 이야기는 분류학적 구조를 이용한 추론에 관련된 예인데, 이런 분류학적 구조를 이용한 프로그램은 이미 컴퓨터에 탑재 가능하다고 알려져 있다.

인간의 사고는 아주 복잡하다

요즘은 사람 대신 컴퓨터가 다양한 일을 처리하고 있다. 그렇다면 인간이 할 수 있는 것은 컴퓨터가 모두 처리할 수 있다고(적어도 미래에는 가능해진다고) 생각하는 사람도 있겠지만, 사실 그것은 쉬운 일이 아니다.

일단, 컴퓨터 프로그램을 기술하는 것도, 로봇 설계도를 만드는 것도 인간이다. 상식 추론을 생각해보아도, 거기에 포함된 추론 속에도 컴퓨터에게 어떻게 처리하게 하면 좋을지 명백하지 않은 것도 있다. 우리의 사고나 추론의 조합은 그만큼 복잡한 구조를 이루고 있는 것이다.

그러므로, 바로 거기에 '인간다움'이라고 부를 만한 것의 힌트가 숨어 있을지도 모른다.

AI는 '인간다움'을 이해할 수 없다?

인공지능 연구를 할 때 생기는 문제 중 하나로 '기계는 윤리적 주체가 될 수 있는가?'를 들 수 있다. 예를 들면 전쟁에서 살인 기계를 사용하게 되었다고 하자(전쟁이라는 상황 자체가 특수 상황이긴 하지만). 그 기계가 실제

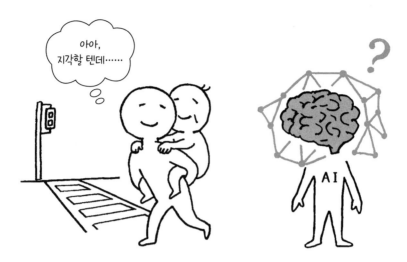

아아,
지각할 텐데……

AI

불합리한 문화나 사회, 행동이야말로 인간다움일까?

로 사람을 죽였을 때, 그 기계는 살인자로서 죄를 추궁당할까? 살인을
저지른 것은 분명히 기계지만 조작하고 있는 인간이 있을 것이다.

이런 문제에도, 인간과 컴퓨터의 차이를 고찰하는 논의의 중요한 논
점이 숨어 있다.

인간과 컴퓨터의 차이로서 추론 구조의 차이, 윤리적 주체로서의 차
이 이외에 어떤 차이가 있을지 생각해보자.

제 2 부

···

인지 바이어스의
인지과학적 접근

길이가 같은 선분이 다르게 보이는 이유는 무엇일까?

시끄러운 장소에서도 특정한 음성을

구별해서 들을 수 있는 이유는 무엇일까?

뇌의 '버그'처럼 보이는 현상도, 그 배후의 메커니즘을 따라가보면

많은 것을 알 수 있다.

2부에서는 이런 현상들을 통해 우리가 세계를

어떻게 지각하고 있는지를 알아보자.

선분의 길이가 달라 보이는 것이 우리 생활에
무슨 쓸모가 있을까?

01

뮐러-라이어 착시

Müller- Lyer Illusion

의미	길이가 같은 선분에 각각 방향이 다른 화살표를 붙이면 길이가 달라 보이는 착시 도형
관련	토끼와 오리 도형(→100쪽)

왜 착시를 연구할까?

우리는 일상생활에서 다양한 착각을 체험한다. '착시'란 착각 중에서도 특히 '보이는' 것, 즉 시각적인 착각을 가리킨다. 착시에 대해서는 많은 연구가 이루어졌다. 그것은 왜일까? 단순히 많은 사람의 마음을 매혹시켰기 때문이기도 하겠지만(착시를 이용한 트릭아트 등을 좋아하는 사람도 있다) 훨씬 중요한 이유가 있다.

'착시'라고 하면, 보이는 것에 대한 착오, 즉 틀렸다는 이미지가 있다. 하지만 착시를 단순히 틀렸다고 생각하는 대신에 그런 현상이 왜 일어나는지 생각해보면 인간이 주변 환경을 파악하는 마음의 구조를 알아낼 수 있다. 그것을 체험해보기 위해 누구나 한 번쯤은 보았을 100년 이상 전에 고안된 유명한 착시 도형을 소개한다.

어떤 선분이 길어 보이는가?

아래 〈그림1〉의 착시 도형은 길이가 같은 선분이라도 하나는 양쪽 끝에 바깥으로 향한 화살표가, 다른 한쪽에는 안쪽으로 향한 화살표가 붙어 있으면 길이가 달라 보인다.(Müller-Lyer, 1889) 이것은 뮐러-라이어 착시 도형이라고 불리는 것이다.

2개의 선분이 길이가 같다는 것을 알고 있는 상태에서 〈그림1〉을 다시 보아도 결과는 같을 것이다.

<그림1> 뮐러-라이어 착시 도형

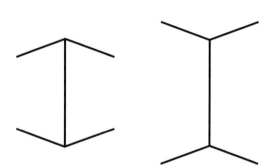

참고 : Richard Gregory, "Knowledge in Perception and Illusion," Philosophical Transactions of the Royal Society of London, Series B, Biological Sciences: 352, 1121-1127, 1997.

3차원 세계의 풍경을 보는 방법

선분에 화살표를 붙였을 뿐인데 사람이 선분 길이를 '잘못' 인식하게 되는 이유는 무엇일까? 여기에는 3차원 세계에서의 물체 인식이 관련되어 있다(Gregory, 1997).

여기서 다시 한 번 〈그림1〉을, 이번에는 3차원 풍경을 그린 것의 일부라고 생각하면서 자세히 보자.

〈그림1〉의 왼쪽 그림은 집 주변을 둘러싼 담장의 각을, 담장 밖의 도로 쪽에서 바라보고 있는 모양으로 보인다. 오른쪽 그림은 방안에서 방의 모서리를 바라볼 때의 모양이다. 즉 왼쪽은 '물체 앞으로 툭 튀어나온 각'을, 오른쪽은 '물체 안쪽으로 쏙 들어간 각'을 나타내고 있다고 볼 수 있다.

이것들은 전문용어로 '원근법적 깊이 지각depth cue'이라고 한다. 다가오는 것 같은 왼쪽 그림의 선분은 더 가깝게 인식되고, 멀어져가는 것 같은 오른쪽 그림의 선분은 더 멀게 인식된다.

이처럼 가까이 있는 물체와 멀리 있는 물체의 선분이 '같은 길이'라는 것은 3차원상에서는 무엇을 의미할까? 〈그림2〉에는 사진의 앞쪽 각과 뒤쪽 각에 필자가 길이가 같은 선분을 덧붙여두었

<그림2>

다. 망막상에는 '같은 길이'로 비치더라도 3차원의 실생활에서는 '같은 길이'를 의미하지 않는다는 것, 더 뒤쪽에 있는 선분이 더 길다는 판단이 올바르다는 것이 확실하게 보일 것이다.

착시는 마음의 메커니즘을 비추는 거울

이런 예들은 비록 평면에 그려진 간략한 그림이라도 우리는 그것이 3차원에 구성된 물체인 것처럼 깊이와 크기를 순간적으로 인식하고

있을 가능성을 보여준다.

밀러-라이어 착시 도형은 일상에 많이 숨어 있다. 예를 들어 핸드볼 골키퍼가 밀러-라이어 착시 도형 같은 자세를 취하면 페널티 스로(penalty throw, 상대편이 반칙을 했을 때 골라인으로부터 7미터 거리에서 공을 던지는 일-옮긴이)의 위치가 달라진다고 한다(Shim, et al., 2014).

밀러-라이어 착시 도형처럼
손발을 펼치면 더 커 보인다?

우리는, 지금 눈에 들어오는 사물이 3차원인지 아닌지 일일이 판단하지 않지만, 기본적으로 3차원적으로 파악하고 있을 가능성이 있다. 그리고 우리가 그렇게 볼 수 있다는 것은 3차원 세계에 사는 우리가 일상생활에서 원활하게 행동하거나 위험을 피하는 데 큰 역할을 하고 있을 것이다.

왜냐하면 '망막에 비친 크기' '사물과 나의 거리' 같은 정보를 일일이 계산하지 않아도 직관적으로 사물의 크기를 파악할 수 있기 때문이다.

심리학자 호프만에 따르면, '우리의 감각은 진실이 아니라 적합도를 긁어모은다'고 한다. 우리가 보고 들은 것은 객관적인 물리 환경을 반드시 그대로 반영하지는 않는다. 그러나 그런, 얼핏 보기에 '잘못된' 것 같은 감각도, 그 메커니즘을 알고 그것이 평소에 어떻게 효율적으로 주변 환경을 파악하는 데 유용한지를 알면 놀랄 것이다. 말하자면, 착시는 마음의 메커니즘을 비추는 거울이라고 말할 수 있다.

토끼로 보이는가? 오리로 보이는가?
그 판단에 영향을 주는 것은?

02

토끼와 오리 도형

Rabbit-Duck Figure

의미	오른쪽을 향한 토끼로도, 왼쪽을 향한 오리로도 보이는 반전 도형. 토끼와 오리, 두 가지를 한꺼번에 볼 수는 없다.
관련	뮐러-라이어 착시(→ 96쪽)

토끼로 보이는가, 오리로 보이는가

먼저 〈그림1〉을 보자(Jastrow, 1900). 이것은 무엇으로 보이는가?

오른쪽을 향한 토끼로도 보이고, 왼쪽을 향해 부리를 내민 오리로도 보인다. 이것은 토끼와 오리 도형이라고 불리는 것으로, 이렇게 두 가지로 볼 수 있는 도형을 '반전 도형'이라고 한다.

사람은 이 그림에서 토끼와 오리를 동시에 볼 수 없다. 〈그림1〉의 왼쪽 부분을 '기다란 귀'로 본다면, '부리'로 보는 것은 일시적으로 억제된다. 그림을 보면서 토끼, 오리, 토끼로 보는 방식을 교대로 반전시켜 보기 바란다. 우리에게 '보이는' 것이란 눈에 비치는 형태 그대로가 아니라 '마음이 해석한 결과'임을 체험할 수 있을 것이다.

<그림1> 토끼와 오리 도형

Joseph Jastrow,
"Fact and Fable
in Psychology,"
Houghton Mifflin
and Company,
Boston and New
York, 1900.

B로 보이는가, 13으로 보이는가

사물을 보는 방식은 사람의 경험이나 주변 상황에 좌우된다.

어떤 실험에 따르면, 토끼와 오리 도형을 10월에 본 아이들은 대부분 그림을 오리나 새로 인식하는 반면 부활절에 본 아이들은 대부분 그림을 토끼로 인식했으며, 통계적으로도 명확한 차이가 나타났다 (Brugger and Brugger, 1993). 이런 반응의 차이는 더 나이 든 대상자(11~93살)에게도 나타났다.

이런 현상은 문맥효과文脈效果이며, 지금까지 다양한 연구가 이루어져 왔다. 그것의 선구자격인 실험에는 약간 흘려쓴 듯한 알파벳 B가 사용되었다(Bruner and Minturn, 1955). 그리고 그 'B'가 몇 개의 알파벳 다음에 제시되면 실험 참가자는 그것을 B라고 인식하지만, 몇 가지 숫자 다음에 제시되면 13으로 인식하는 것으로 나타났다.

반전을 낳는 톱다운 처리와 보텀업 처리

위 실험에서, 부활절에 그림을 본 조건에서는 대상자들이 '지금은 부

12

ABC

12
ABC
14

아래 논문을 토대로 작성된 유명한 그림
: Jerome Bruner and Leigh Minturn, "Perceptual
Identification and Perceptual Organization," The
Journal of General Psychology: 53(1), 21-28, 1955.

활절이다'라는 지식, '부활절' 하면 떠오르는 동물이 토끼라는(부활절 토끼

는 부활절 때 부활절 달걀을 가져다준다는 토끼다. 독일 루터교인 사이에서 기원한 부활절 토끼는 부활절 기간

이 시작될 때 아이들의 행동이 착했는지 나빴는지 평가하는 심판의 역할이었다.─옮긴이) 지금까지의

경험 등을 작동시킨 결과, 3월에는 이 반전 도형이 토끼로 더 잘 인식

되게 된 것으로 보인다.

이처럼 상황이나 지식, 경험 등을 동원하여 대상을 파악하려는 마음

의 작용을 '톱다운 처리(또는 개념 구동형 처리)'라고 한다.

이것은 일상적으로 행해지고 있는데, 착각을 일으키기도 한다.

예를 들면 '저기 버드나무 아래는 밤이 되면 유령이 나온다'라는 소

문을 들었다고 하자. 밤에 그 근처를 지나갈 때, 혹시나 유령이 나오지

않을까 하는 생각이 든다. 그런 상태에서 바람 소리만 들려와도 몸이

움츠러들며 흔들리는 버들가지를 유령이라고 착각해버릴 수 있다.

반면, 지식에 의존하지 않고 대상을 파악하는 마음의 작용을 '보톰업

처리(또는 데이터 구동형 처리)'라고 한다.

토끼와 오리라는 두 가지로 다르게 보는 반전은 위의 두 가지 처리

의 상호작용 결과로 생긴다고 알려져 있으며, 유아는 이런 도형의 반전

이 힘들다고 알려져 있다.

<그림2> 2개를 나란히 배열한 토끼와 오리 도형

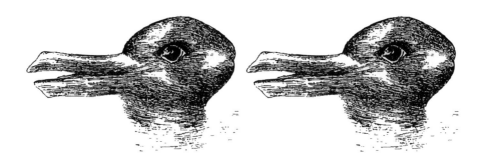

보이지 않는 것을 보기 위해 보는 방식을 반전시킨다

하나의 그림에서 토끼와 오리를 동시에 볼 수는 없는데, 그렇다면 〈그림2〉처럼 같은 그림 2개를 나란히 놓으면 어떻게 될까?

어떤 실험에서 토끼와 오리 도형을 2개 나란히 놓고 실험 참가자에게 제시하자, 자발적으로 '어느 한쪽을 토끼, 다른 한쪽을 오리'로 본 참가자는 전체의 2.3%뿐이었다. 그러나 의식적으로 그렇게 보게끔 참가자에게 요청하자 그 비율은 61.9%까지 올라갔다. 더욱이 '토끼를 먹으려고 하는 오리'라는 말을 제시하자 많은 참가자(86.6%)가 토끼와 오리를 볼 수 있게 되었다.

이런 실험 예처럼, 말 한마디에 사물을 보는 방식이 달라지기도 한다. 정보 사회인 현대를 사는 우리 주변에는 다양하게 해석할 수 있는 정보가 넘쳐난다. 특히 사람은 '보고 싶은 것만 보려 하는' 경향이 있으며, 믿을 가치가 없는 출처가 그럴듯하게 제시되기도 한다. 정보 사회를 살아가려면 내가 사물을 볼 때 특정한 관점에 사로잡혀 있지 않은지 주의를 기울이고, 경우에 따라서는 관점을 '반전'시키는 것이 중요하다.

내 몸이 아닌 인공물을 내 몸의 일부라고 인식하는
신기한 현상.

03

고무손 착각 현상

Rubber Hand Illusion

의미	내 손을 시야에서 감춘 상태에서 눈앞에 있는 내 손과 똑같은 고무손을 다른 사람이 쓰다듬으면, 그 고무손이 마치 내 손처럼 느껴진다.
관련	맥거크 효과(→108쪽)

고무손이 내 손이라고 느끼는 이유는?

1998년에 보고된 기묘한 현상을 소개한다.

실험에서 참가자는 왼팔을 테이블에 얹은 상태로 자리에 앉는다. 실험자는 그 왼팔 옆에 칸막이를 두어 참가자의 시야에서 팔을 숨긴다. 그리고, 고무로 만든 '왼팔'을, 참가자가 잘 볼 수 있는 눈앞의 테이블 위에 배치한다(<그림1>). 참가자가 그 고무손을 바라보고 있는 동안, 실험자는 연필 두 자루로 고무손과 참가자의 진짜 손을 동시에 쓰다듬는 일을 10분 동안 반복한다.

그러면, 참가자는 차츰 고무손이 자기 손인 것처럼 느끼며, 눈앞의 연필로 고무손을 쓰다듬으면(실제로는 칸막이로 숨겨진 연필이 진짜 자기 손을 쓰다듬고 있다는 것을 알고 있음에도) 고무손이 촉각을 얻은 것 같은 착각이 일어나는 것이다.

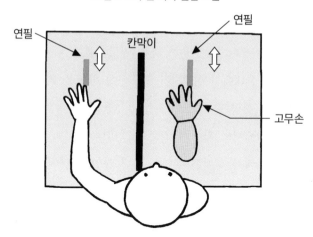

<그림1> 고무손 착각 실험 모습

왼손과 고무손을 동시에 연필로 계속 쓰다듬자 고무손을 자기 손처럼 느꼈다.

또한, 연필로 두 가지 손을 쓰다듬을 때, 완전히 동시에 쓰다듬지 않고 약간의 시간차를 두면 착각이 생기는 비율이 42%에서 7%까지 떨어지는 것도 함께 제시되었다. 이런 현상을 '고무손 착각 현상'이라고 한다. 실험 참가자들은 모두 연필로 고무손을 쓰다듬는 것을 보았을 때, 자기 손을 쓰다듬고 있다고 느꼈다.

그러나 이것만으로는 참가자가 정말로 고무제 팔을 '자기 손'이라고 느꼈다는 증거는 되지 않는다. 실험 목적을 알아차린 참가자가 실험자가 원할 것 같은 답을 해버리는 경우도 있기 때문이다.

그래서 실험자들은 눈을 감은 참가자에게, 실험에서 사용하지 않은 오른손을 테이블 아래에서 움직여서 테이블 위에 있는 진짜 왼손의 위치를 가리켜보라고 요청했다. 그러자, 착각을 경험한 후의 참가자의 오른손이 고무손 방향 쪽으로 향하는 것, 그리고 이런 방향의 크기는 참가자가 체험한 착각의 지속 시간에 비례하여 큰 폭으로 변한다는 것을 알았다.

fMRI(기능적 자기공명영상)를 이용한 다른 연구에서는, 참가자에게 고무손 착각이 일어난 상태에서 실험자가 고무손에 바늘을 찌를 듯한 동작을 취하자, 자신의 진짜 손이 그런 위협에 노출되었을 때처럼, 불안에 관여하는 뇌 영역에서의 활동이 계측되었다(Ehrsson, et al., 2007). 착각이 생기지 않은 상태에서 똑같은 실험을 하면 불안에 관여하는 뇌 활동이 거의 관찰되지 않았다.

착각을 낳는 다감각 통합

인공물이 자기 신체처럼 느껴지다니, SF영화 「아바타」 같은 이야기다. 그러나 여기에는 우리가 일상적으로 체험하고 있는 현상인 다감각 통합이 관련되어 있다.

우리의 감각에는 시각, 청각, 후각, 미각, 촉각(더 넓게는 피부감각이라고 한다), 그리고 운동감각 등을 포함하는 자기수용감각이라는 것이 있다. 우리는 이런 다양한 감각으로부터의 정보를 조합하여 빠르고 정확하게 신체 주변의 사물을 파악한다.

가까운 예로, 뭔가를 먹을 때 느끼는 '맛'을 들 수 있다. '맛'의 경험은 미각뿐만 아니라 냄새(후각), 먹음직스러움(시각), 식감이나 온도(피부감각), 씹을 때의 소리(청각) 등을 통합하여 생겨난다.

고무손 착각에서도, '나의 왼손과 똑 닮은 고무손을 연필로 쓰다듬는 것을 본다'(시각), 및 '나의 진짜 왼손을 연필로 쓰다듬는 것을 느낀다'(촉각)라는 두 가지 사건이 동시에 일어났으므로 시각과 촉각의 통합이 일어나기 쉬워지며, 그 결과 '고무손을 내 손처럼 느끼는' 착각이 일

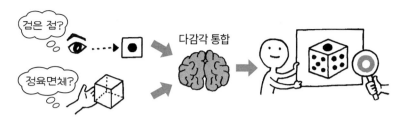

다감각 통합 개념도

어난다고 생각할 수 있다.

확장하는 자기

고무손 착각 현상에서 알 수 있는 또 한 가지 중요한 것이 있다. 그것은 나에게 '나의 신체'로 느껴지는 대상은 시각, 촉각 등 여러 감각에서 얻어지는 정보를 통합하여 끊임없이 만들어지고 있으므로 우리가 일반적으로 생각하는 것보다 훨씬 유동적이라는 점이다.

바꿔 말하면, 우리의 신체감각은 자유롭게 확장 가능하다고 생각할 수 있다. 이런 신체 지각이나 운동 주체감 문제는, 환지통(幻肢痛, 사고나 질병 등으로 잃어버린 손발에 아픔과 저림을 느끼는 현상)이나 유체 이탈 체험 등, 기존에 알려져 있던 현상이나 버추얼 리얼리티(VR) 기술 등 새로운 이슈와 관련지어져 연구가 진행되고 있다.

사람은 현재 자신의 상황과는 다른 상황이나 입장에서 사건을 생각하기 힘들지만 이런 새로운 기술을 교육에 응용한다면 사람들이 다양한 문제를 '내 일'처럼 느끼고 대처할 수도 있을 것이다.

인지과학 관련
바이어스

04

마스크를 쓴 채로 나누는 대화나 원격 회의에는
생각지도 못했던 리스크가 있다······.

맥거크 효과
McGurk Effect

의미	음성과 함께, 그 음성과는 일치하지 않는 화자의 입의 움직임 영상을 보여주면 제시된 음성과 다른 소리로 들리는 착청錯聽.
관련	고무손 착각 현상(→104쪽)

음성 정보는 청각으로만 처리하지 않는다

코로나19 팬데믹 때 밖에서 만나는 사람은 모두 마스크를 쓰고 있었다. 서로의 입을 볼 수 없다는 것은 우리에게 어떤 영향을 미칠까?

1976년에 "Healing lips and seeing voices"라는 논문이 발표되었다(McGurk and MacDonald, 1976). 다른 사람과 얼굴을 마주하고 대화를 한다면, 듣는 사람은 말하는 사람의 모습을 당연히 '볼 수 있다'. 그럼에도 불구하고, 음성지각은 청각적인 정보처리 과정에만 의존하고 있다는 생각이 당연시되었다. 논문 저자들은 그 점에 의문을 품고 유아, 아동, 성인을 대상으로 다음과 같은 실험을 했다.

실험에는 어떤 음절(예 : 가, 가······)을 반복적으로 발화하고 있는 여성을 녹화한 동영상을 사용했으며, 나중에 음성만 다른 것으로(예 : 바, 바······)

실험 개요와 맥거크 효과의 메커니즘

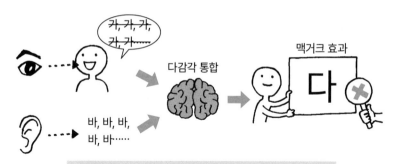

동시에,
시각 : '가'라고 발음하고 있는 여성의 입의 움직임을 본다.
청각 : '바'라는 음성을 듣는다.

그러자……
많은 사람이 제3의 음운인 '다'로 들렸다고 한다.
이런 현상을 '맥거크 효과'라고 한다.

바꾸었다. 그리고 각 참가자에게 '음성만' 들려준 경우와, 음성과 함께 영상을 보게 한 경우에 들리는 방식이 달라지는지 조사했다.

그 결과, '음성만' 들려주면 모든 연령대의 참가자들이 거의 올바르게 음성을 들은 반면, 음성과 입의 움직임이 일치하지 않는 영상이 추가되면 오답률이 높아졌다(유아 59%, 아동 52%, 성인 92%).

그때 많은 참가자가 '실제로 흘러나온 음성'과는 다른 음성이 들렸다는 것을 보고했다. 특히, '가, 가……'라고 입을 움직이고 있는 사람의 영상이 '바, 바……'라는 음성으로 바뀌었을 때, 많은 참가자(유아 81%, 아동 64%, 성인 98%)가 '바'나 '가'가 아닌 제3의 음운인 '다'가 들렸다고 보고하고 있다.

맥거크 효과를 낳는 다감각 통합

위의 결과로부터, 사람은 음성을 들을 때, 화자의 입의 움직임 같은 청각 이외의 정보도 무의식적으로 단서로 이용하고 있으며, 그것들의 다양한 정보를 통합한 결과가 '들려온 음성'으로 체험된다는 것을 알 수 있다.

이와 같은 맥거크 효과는 시각으로부터의 정보가 음성지각에 영향을 주는 다감각 통합의 예이기는 하지만, 시각 정보가 언제나 청각 정보보다 우위성을 갖지는 않는다.

최근 보고에 따르면, 영어를 모국어로 쓰는 사람이 발화자의 입의 움직임에 주목하여 다음에 발화될 음의 예측에 이용하고 있는 데 비해, 일본어를 모국어로 쓰는 사람들은 보다 청각 정보에 의존한 음성지각을 하고 있다는 것이 제시되었다(Hisanaga, et al., 2016).

일상 속에 일어나는 맥거크 효과

기존에 맥거크 효과 실험에 사용되었던 화자의 입의 움직임과 음성이 일치하지 않는 것은 일상에서는 일어나지 않는 상황이며, 소리와 동작이 일치하지 않는 것은 '인공적으로' 일부러 만들어낸 것이었다.

현재는 당시와는 상황이 크게 달라졌으며, 이런 상황이 상당히 일상적이다. 웹카메라의 영상 지연에 따른 음성 불일치, 해외 영화나 애니메이션의 더빙, 녹화한 동영상을 편집할 때 생기는 소리의 불일치 등을 들 수 있을 것이다.

이런 상황에서도 크게 위화감이 생기지 않는 것은 복화술 효과 때문이라고 볼 수 있다. 복화술 효과란 인형의 입 움직임에 맞춰서 음성을 제시하면 그 음성이 인형의 입에서 흘러나오는 것처럼 느끼는 현상이다. 이 현상에는 시각 정보와 청각 정보의 동기(同期, 타이밍과 타이밍이 맞음)가 관련되어 있다고 알려져 있는데, 시간적으로 타이밍이 맞더라도 입 모양이 음성과 다르면 맥거크 효과가 일어나서 시청자에게 위화감이 생길 가능성이 있다.

또한, 화자가 비교적 '입의 움직임'에 의존하지 않고 상대방의 이야기를 듣는다 해도, 마스크를 끼고 대화를 나눌 때는 본인이 생각하는 것보다 훨씬 더 상대방은 '잘 들리지 않는다'고 느낄 가능성이 있다. 왜냐하면 입의 움직임에 대한 시각 정보도 전혀 없고, 발음의 명료성이나 음량도 떨어지기 때문이다. 그러므로 마스크를 끼고 말할 때는 평소보다 훨 씬 더 또렷하게 말할 필요가 있다.

온라인 마스크 회의 때는
더 또렷하게 말하기

이 연구에서 알 수 있는 또 한 가지가 있다. 우리는 보통, 사물을 '본다' '듣는다' '만진다'…… 등 독립한 오감을 통해서 주변 환경을 정확히 파악하고 있다고 생각하는 경향이 있다. 그러나 우리가 체험하는 것은, 감각을 총동원하여 받아들인 정보를 '해석'한 결과에 지나지 않는다.

서브리미널적인 표현이 규제되는 이유는
무엇일까?

05

서브리미널 효과

Subliminal Effect

| 의미 | 의식할 수 없을 정도로 짧은 영상이나 아주 작은 음량의 음성이라도, 그 것을 보거나 들은 사람에게 무의식중에 영향이 미치는 현상. |

| 관련 | 흔들다리 효과(→116쪽)　단순 접촉 효과(→178쪽) |

의사결정에 영향!? 서브리미널적인 지각

우리는 매일매일 다양한 의사결정을 한다.

예를 들어 가게에 진열된 비슷한 상품 가운데 어떤 상품 하나를 골라서 산다. 그것을 고른 이유에 대해서는 '무심코'라고 말할 수밖에 없는데, 굳이 이유를 들자면 '포장이 예뻐서' 또는 '상품의 질이 좋을 것 같아서' 등을 들 수 있을 것이다.

그러나 이것이 진짜 이유일까? 나도 모르는 새에 나의 행동에 그럴 듯한 이유를 붙였을 가능성은 없을까?

이런 실험이 있다. 실험 참가자에게 다각형 2개를 쌍으로 제시하고, '어느 쪽 다각형이 더 마음에 드는가' 하고 물었다. 이상한 질문이라고 생각할지도 모르지만, 그 질문에 대해 참가자들은 어떤 법칙에 따라

답하고 있는 것 같았다.

사실은, 실험 참가자들에게 미리 1/1000초 사이에 어떤 다각형을 제시했다. 제시한 시간이 너무 짧아 '보았다'는 것도 의식하지 못하고, 미리 보았다는 것도 기억하지 못했음에도 참가자들은 미리 제시되었던 다각형을 선택했던 것이다.

이 결과는 사람의 서브리미널적인 지각과 관련이 있다.

서브리미널적인 지각이 영향력을 갖는 조건은?

위의 실험은 역하閾下 단순 접촉 효과에 관한 실험이다(Kunst-Wilson and Zajonc, 1980). '역하(subliminal)'란 소리, 빛이나 영상, 맛, 촉감, 냄새 등의 강도가 너무 작아서 사람의 의식에는 도달하지 못하는 상태를 가리킨다.

만약 어떤 사람에게 0.05초 정도의 영상이 흘낏 '뭔가 잠깐 보였다'고 느껴지는 길이라고 한다면, 그보다 짧은 영상은 그 사람에게 서브리미널적인 영상이 되며, '보였다'는 감각은 생기지 않는다.

이런 현상이 생기는 조건을 정리한 보고에 따르면, 실험에서 제시하는 것은 1초보다 짧게, 같은 것을 반복적으로 보여주면 보다 강력한 효과를 얻을 수 있다(Bornstein, 1989).

반대로 말하면, 실험 참가자가 제시된 것을 '알아차린' 상태에서는 서브리미널 효과는 생기기 힘들어질 수 있다.

유명한 "실험"과 그 영향

서브리미널 효과는, 일반적으로는 '지각할 수 없을 정도로 짧은 시간이나 음량으로 영상이나 소리를 제시하면, 그 내용에 관련된 상품의 구매 욕구가 높아진다'는 현상으로 널리 퍼졌다.

그러나 그것은 사실이 아니었다. 이런 오해의 유래가 된 유명한 실험을 소개한다.

어떤 광고업자가 발표한 것인데, 영화를 상영할 때 영화 필름에 '코카콜라를 마셔라' '팝콘을 먹어라'라는 메시지를 아주 짧은 시간(1/3000초) 반복해서 숨겨놓았더니 그것들의 매출이 올랐다는 것이다.

하지만 이 '실험'은 다른 조건과(예를 들면 서브리미널 메시지가 없는 조건 등과) 비교

콜라와 팝콘 매출이 정말 올랐을까?

조차 하지 않았다. 실험의 세세한 부분에 대한 기록도 없으며, 당시에는 1/3000초만 영상을 투사할 수 있는 정교한 기술도 없었다는 점에서, 실험을 했다는 주장 자체가 거짓이었다고 보는 사람도 있다.

그러나 그 영향은 순식간에 세계로 퍼졌으며 현재 전 세계 많은 나라의 텔레비전 방송에서 서브리미널적인 표현은 금지되어 있다.

좋고 싫음에 영향을 미치는 뜻밖의 요인이 있다?

이런 허술한 전말에서 알 수 있듯이, 서브리미널적인 자극은 사람에게 당장 뭔가를 사러 뛰쳐나가게 할 만한 효과를 갖고 있지 않다.

지각적 유창성 오귀인설에 따른 감정의 흐름

다만, 앞의 실험에서 알 수 있듯이, 역하의 자극이 초래하는 무의식적인 영향에 대해서는 지금도 활발하게 연구되고 있다. 연구에 따르면, 예를 들어 서브리미널에 제시된 대상을 '마음에 든다'라고 느낄 뿐 아니라, 멜로디는 보다 '조화롭다', 색깔은 '더 밝다' 등으로 느껴지는 것이 제시되어 있다.

그런 현상을 설명하는 한 가지로, 지각적 유창성 오귀인설知覺的 流暢性 誤歸因說이라는 것이 알려져 있다. 지각적 유창성이란, 예를 들어 이전에 본 적이 있는 대상을 다시 접했을 때는 (비록 그것을 잊어버렸더라도) 비교적 쉽게 지각되는 것을 가리킨다. 그 '대상을 보았을 때의 원활한 느낌'을, 사람이 '내가 이걸 좋아하니까' 또는 '밝으니까'와 같이 착각하여 해석하는 것이라는 설명이다.

이처럼, 자각하지 못하고 받아들인 정보가 우리의 취향이나 의사결정에 생각지도 못한 영향을 미치는 경우가 있다는 것을, 그 위험성까지 포함하여 꼭 기억해두자.

인지과학 관련
바이어스

그 감정은 공포일까, 분노일까, 연애 감정일까?
사람은 자기 감정조차 오해한다.

06

흔들다리 효과
Suspension Bridge Effect

의미	흔들다리 위 등, 심박수가 상승하기 쉬운 상황에서 이성이 옆에 있으면, 그 두근거림을 연애 감정이라고 착각하는 효과.

관련	서브리미널 효과(→112쪽)　단순 접촉 효과(→178쪽)

흔들다리를 이용한 실험

'흔들다리 효과'라는 명칭의 토대가 된 1974년의 연구를 먼저 소개한다. 실험 무대는 캐나다에 있는 2개의 다리(흔들다리와 고정식 다리)였다.

다리를 지나가는 18~35세의 지나가는 남성을 실험 대상으로 삼았다. 남성이 두 종류의 다리 중 하나를 건너가기 시작하면 인터뷰어(남성 또한 여성)가 말을 건다. 이 인터뷰는 가짜이며 실험의 진짜 목적은 알려주지 않는다. 질문에 대한 회답에 협조를 얻은 다음, 인터뷰어가 이름과 전화번호를 쓴 메모를 남성에게 건네주고 연구에 대한 자세한 설명을 하고 싶으니 나중에 전화해달라고 한다.

그리고, 나중에 남성으로부터 전화가 걸려오는 비율을 각각의 다리로 비교하면 '남성이 인터뷰어에게 느낀 매력도'의 차이를 검토할 수

멋져♥

나는 높은 곳은
아무렇지도 않아

공포심 때문에 두근거리는 것을
연애 감정의 설렘이라고 착각한다.

있을 것이라는 것이 이 연구를 수행한 심리학자의 생각이었다.

그 결과, 남성이 여성 인터뷰어에게 실험 후에 전화를 해온 사람의 수는, 흔들다리 조건 쪽이 고정식 다리 조건보다 통계적으로 많았다. 한편으로, 남성이 남성 인터뷰어에게 실험 후에 전화를 걸어온 사람의 수는 차이가 없었다.

즉, 흔들다리 위라는 공포에서 오는 두근거리는 느낌을 이성에 대한 연애 감정이라고 착각했다고 생각할 수 있다.

그러나 이 실험에는 몇 가지 문제점이 지적되고 있다.

예를 들면 인터뷰어의 매력도를 측정하기 위해 '전화를 걸어온 사람의 수를 센다'는 수법은 적절했는가, 흔들다리의 흔들림 때문에 공포가 생겨난다는 보증은 어디에 있는가, 하는 점 등을 들 수 있다.

다만, 같은 연구자들은 실험실 실험을 통해 이성의 매력이나 불안을 앙케트 방식으로 측정했으며, 거기서도 흔들다리 실험의 주장을 뒷받침하는 듯한 결과를 얻었다.

흔들다리 효과는 연애 장면을 예를 들어 많이 이야기하는데, 비슷한 '착각' 현상은 일상의 다양한 상황에서 자주 일어난다.

예를 들어 아침에 학교에 가기 전에 부모님과 사소한 일로 말다툼을 했다고 하자. 그러나 아침의 말다툼은 잊어버린 쉬는 시간에 친구가 장난을 걸어온다. 평소라면 웃어넘길 수 있지만 그날은 친구에게 화가 난다.

이 '분노'는 정말로 친구의 장난 때문에 생겨난 것일까? 사실은 아침에 있었던 부모님과의 말다툼 때문에 생겨난 감정을, 친구의 장난 탓으로 착각하고 있을지도 모른다.

또는, 내일 아침에 중요한 시험이 있는데 눈이 말똥말똥하여 밤새 뒤척인 적도 있을 것이다. 그럴 때 '릴렉스할 수 있는 약'이라는 설명을 듣고 받은 위약(실제로는 약 성분이 없는 것)을 먹은 경우와, '눈이 말똥말똥해지는 약'이라는 설명을 듣고 받은 위약을 먹은 경우, 그 후의 잠자리가 편해지는 것은 어느 쪽일까?

실제로 1970년에 불면증 환자를 대상으로 한 연구에서는 눈이 말똥말똥해지는 약을 먹은 환자는 보통 때보다 빨리 잠들었다. 반면 릴렉스할 수 있는 약을 먹은 환자는 보통 때보다 잠드는 데 더 많은 시간이 걸렸다.

플라시보 효과(위약을 복용하고도 증상이 좋아졌다고 실감하는 것)를 알고 있는 사람이 보기에는 의외의 결과일 것이다. 그러나 이런 결과는, 흔들다리 효과 같은 '착각'이 일어났다고 생각하면 설명이 된다.

즉, 눈이 말똥말똥해지는 약(사실은 위약)을 먹은 불면증 환자는, 자신의 증상을 '말똥말똥해지는 약을 먹었기 때문'이라고 생각하고, 잠들지 못하는 자신을 책망하거나 감정적이 되는 일이 줄어들고 오히려 릴렉스할 수 있었다고 해석할 수 있다.

위약에 대한 설명과는 반대 효과가 생겼으므로 이런 현상을 '역逆플라시보 효과'라고 한다.

'자기 감정'을 착각한다

흔들다리 효과나 위에 제시한 일상에서의 예 등, 자기가 자기 상태를 착각하는 현상에 대해서는, 나중에 '오귀인誤歸因'이라는 용어를 쓰게 되었다.

오귀인에 관한 선구적인 연구는 에피네프린epinephrine이라는 생리적 흥분 작용이 있는 약을 사용한 실험이다(Schachter and Singer, 1962). 실험의 주된 목적은 약의 흥분 작용을 미리 알려준 참가자와 알려주지 않은 참가자를 비교하는 것이었다. 그 결과, 약의 작용을 미리 알려주지 않은 그룹에서는 (자기가 흥분한 것은 '약 때문'이라고 올바르게 인식하지 못한 결과) 자기의 '감정에 의한 것'이라고 착각하고, 급격한 감정 기복이나 분노를 강하게 느꼈다고 보고하고 있다.

이런 오귀인은 역플라시보 효과 예에서도 알 수 있듯이 일괄적으로 나쁜 것이라고는 단언할 수 없다. 다만, 자기 감정을 착각함으로써 나도 모르게 그런 것에 휘둘릴 가능성도 있다. 나 자신조차 내 감정을 오인할 수 있는 것이다.

가혹한 상황에 처해도 왜 악덕 기업을
그만두지 못할까?

07

인지부조화

Cognitive Dissonance

의미	나의 본심과 실제 행동이 모순되는 등, 나의 내부에 일치하지 않는 여러 가지 의견을 동시에 품고 있는 상태.
관련	기분일치 효과(→124쪽)

한계까지 일을 계속하는 사람들

최근, '악덕 기업'이나 과로사 등이 사회문제가 되고 있다. 그런 회사에 다니는 직원들은 과로사할 지경에 처해도 '사표를 내야겠다'라는 판단을 하지 못할까? 인지부조화 이론을 알면 그런 상태에 빠지지 않도록 미리 조심할 수 있을 것이다.

먼저 1959년에 했던 유명한 실험 하나를 소개한다.

이 실험에 참가한 남자 대학생은, 단조롭고 지루한 작업을 1시간 동안 혼자서 반복하라는 요청을 받았다. 또한, 다른 방에서 대기 중인 다음 실험자 학생에게 '실험이 아주 재미있었다'라고 말하라는 요청도 받았다. 그 아르바이트 비용으로 제시된 금액은 '1달러' 또는 '20달러'로, 학생마다 달랐다.

다음 참가자로 기다리고 있던 여학생(사실은 실험 협력자)에게 작업이 재미있었다고 전달한 남학생은, 그 후 인터뷰어가 있는 다른 방으로 안내되었고 '실험 이후의 개선을 위해' 작업의 재미 등에 대한 솔직한 답변을 요청받았다.

사실, 실험자가 가장 주목하고 있던 데이터는 맨 마지막의 '작업의 재미 정도'였다. 참가한 학생이 −5(아주 지루했다)에서 +5(아주 재미있었다)의 11단계로 설문한 결과가 오른쪽 그림이다.

미리 아르바이트를 의뢰받고, 20달러를 보상으로 받는 조건에서는, 아르바이트를 하지 않았던 비교 조건과 차이가 없었다. 한편, 아르바이트 비용으로 1달러를 받는 조건에서는 '아르바이트 없는 조건' 및 '20달러 조건'보다 '재미있음'의 평가값이 통계적으로 높았다.

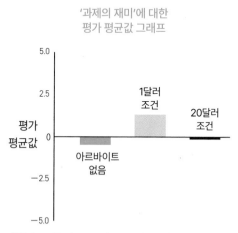

'과제의 재미'에 대한
평가 평균값 그래프

참고 : Leon Festinger and James Carlsmith, "Cognitive Consequences of Forced Compliance," Journal of Abnormal and Social Psychology: 58, 203-210, 1959.

인지부조화가 생기는 메커니즘

독자 여러분은 위의 결과를 뜻밖이라고 생각할지도 모르겠다. 돈을 많이 받은 쪽이 실험에 더 호의적일 것 같지만, 실제로는 단돈 1달러를 받은 학생이 작업이 더 재미있었다고 답했기 때문이다.

이런 결과는 인지부조화 이론에서는 예측되어 있었다. 남학생은 〈작업에 대해 '시시하다'라는 자기의 원래 생각〉과 〈여학생에게 말해야 했던 '재미있었다'라는 감상)이라는 두 가지를 품게 된다. 이렇게 모순된 의견을 동시에 갖는 기묘함은 왠지 기분이 좋지 않은 상태를 일으킨다(이런 상태를 '부조화'라고 한다).

그러나 다른 사람에게 '재미있었다'라고 전달하는 역할에 20달러의 보상이 제시되면 부조화는 감소한다. 20달러나 되는 돈은 위의 기묘한 상태에 곧바로 '납득할 만한 동기'를 부여해주기 때문이다. '사실 나는 시시하다고 생각하지만 큰돈을 받았다면 그 대가로 "재미있었다"라고 전달할 수 있다'라고 말이다.

반면에 단돈 1달러라는 보상은 '작업이 재미있었다'라고 전달한 자기 행동에 대한 설명이 되지 못하며, 그러므로 부조화 상태가 해소되지 않는다. 그 결과, 부조화 상태를 감소시키기 위해 작업에 대한 자기의 원래 의견이 '재미있었다'라는 자기의 진술에 끌려가는 형태로 보다크게 변모한 것이다. '나는 정말로 재미있었다고 생각했기 때문에 〈재미있었다〉고 전달한 것이다'라는 것처럼 말이다.

악덕 기업 사원의 사고

앞에서 이야기한 '악덕 기업' 예로 돌아가자.

물론 사람마다 다양한 사정이 있겠지만, 힘든 상황에서 계속 일을 하는 자기에게 '보람이 있기 때문이다' 등의 이유를 대고 있을 가능성을 생각해보자. 노동 조건이 가혹할수록 '일이 재미있다'라는 의견으로 변하기 쉽다는 것은, 앞의 실험에서 살펴본 대로다.

이런 가운데 나도 모르는 사이에 피로가 쌓여 돌이킬 수 없는 상황이 벌어지기 전에 불만이나 문제점은 어느 정도(즉, 의견이 변하지 않는 사이에) 누군가에게 말을 하거나 일기를 쓰는 등의 방법을 시도해보기 바란다.

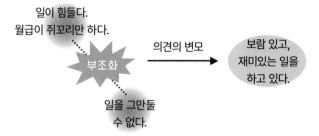

인지부조화 이론으로 보는 악덕 기업 직원의 사고

일이 힘들다.
월급이 쥐꼬리만 하다.

부조화

의견의 변모 →

보람 있고,
재미있는 일을
하고 있다.

일을 그만둘
수 없다.

행동은 마음을 비추는 거울이다?

마지막으로, 다른 입장에서 내놓은 결과 해석을 소개한다.

우리는 자기의 감정조차 착각하기도 한다. 이런 관점을 더욱 발전시킨 것이 자기지각 이론이다(Bem, 1967). 이것에 따르면 사람은 다른 사람의 상태(예 : 화를 내고 있다)를 알려면 관찰 가능한 단서(예 : 난폭한 동작)를 통해 추측할 수밖에 없는데, 사실은 자기의 상태를 알 때도 마찬가지로, 자기의 행동이나 주변 반응 등을 통해 판단하는 일이 많다.

이 입장에 서면, 마지막 인터뷰에서 1달러의 보상을 받은 학생이 '작업이 재미있었다'라고 대답한 경우가 많았던 것은, 단순히 그 직전의 '보수가 단돈 1달러임에도 불구하고, 다음 참가자에게 작업이 재미있었다고 말하는 나'라는 관찰 가능한 단서로부터, '나는 작업이 재미있다고 느끼고 있었을 것이다'라고 추측했기 때문이라는 해석이 된다.

즉, '부조화 상태'와 그것을 감소시키기 위한 의견의 변모라는 과정 없이도 결과를 설명할 수 있다.

이런 입장에 섰다 해도 일상에서 내가 느끼는 불만을 말하거나 종이에 써보는(즉, 자신이 관찰 가능한 행동으로 표출하는) 것은 효과가 있다.

좋지 않은 일만 떠올리는 마이너스 루프에
빠지기 전에.

08

기분일치 효과

Mood Congruency Effect

의미	우울할 때는 사물의 나쁜 면만 보고, 그것을 잘 기억한다. 반대로 기쁠 때는 좋은 면만 보고, 잘 기억한다.

관련	인지부조화(→120쪽)

점점 우울해지는 이유는?

여러분은 다음과 같은 경험이 없었는가?

아침에 안 좋은 일이 있으면 텔레비전에서 나오는 나쁜 뉴스만 보이고,

사람을 만나도 그 사람의 단점만 눈에 띄는 것 같다. 집에 돌아와도 그

날 있었던 부정적인 기억만 또렷하게 생각나서 점점 우울해진다.

결국은 내 인생은 좋지 않은 일뿐이라고 생각하게 될 수도 있다.

이처럼, 사람은 자기의 현재 기분에 따라 사물을 기억하거나 판단하

는 경향이 있다. 이것을 '기분일치 효과'라고 한다.

이것은 좋지 않은 기분에만 한정되지는 않으며, 즐거운 기분도 마찬

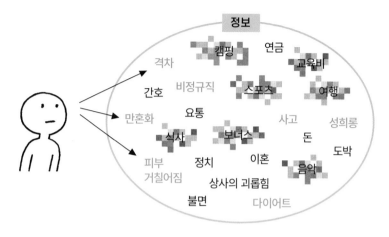

사람은 자기 기분과 일치하는 정보에 눈길이 가기 쉽다

정보

캠핑 연금 교육비 격차 비정규직 스포츠 여행 간호 만혼화 요통 사고 성희롱 식사 보너스 돈 피부 정치 이혼 도박 거칠어짐 음악 상사의 괴롭힘 불면 다이어트

가지다. 하지만 '우울함'의 무한반복이 사람에게 심각한 문제가 될 수 있다는 것은 상상하기 어렵지 않다.

기분일치 효과 실험

일상적으로 일어나는 기분일치 효과 같은 현상은 1981년의 심리학 실험으로도 검증되었다. 대학생을 대상으로 한 이 실험은 '기분이 표현 스타일에 미치는 영향을 검토한다'는 것만을 미리 알려주었다.

실험 첫날, 학생은 최면 절차를 통해 즐거운 기분, 또는 슬픈 기분 등으로 유도했다. 그런 다음 학생들에게 행복하게 사는 앙드레라는 인물과 되는 일이 하나도 없어 우울해하는 잭이라는 인물이 등장하는 이야기를 읽게 했다. 그리고, 24시간 후에 다시 실험실로 돌아온 학생들에게 전날 읽은 이야기를 되도록 자세히 기억해서 써달라고 요청했다.

그 결과, 기억한 내용 중에서 슬픈 내용을 기억한 비율을 산출해보니, 즐거운 기분으로 유도된 그룹의 평균은 45%였던 반면, 슬픈 기분으로 유도된 그룹의 평균은 85%로 올라가서, 통계적으로도 차이가 있음이 제시되었다.

또한, 슬픈 기분으로 이야기를 읽은 그룹의 8명 모두가 슬픈 책에 대한 내용을, 행복한 앙드레 이야기보다 잘 기억하고 있었다(즐거운 기분으로 이야기를 읽은 그룹에서는 슬픈 책을 더 잘 기억하고 있던 학생이 겨우 3명이었다). 전체적인 기억의 양은 그룹별로 거의 차이가 없었다.

물론 '단순히 이야기를 읽은 학생이, 자기 기분에 가까운 등장인물에 공감하고 그 이야기를 열심히 읽었을 뿐 아닐까' 하는 의문도 있을 것이다.

그래서, 같은 논문에는 한 사람의 등장인물이 행복한 사건과 슬픈 사건을 모두 경험하는 이야기를 이용하여 재실험한 내용이 등장한다. 그 결과, 이 실험에서도 이야기를 읽을 때의 자기 기분과 일치하는 내용을 잘 기억한다는 두드러진 기분일치 효과가 생기는 것을 알았다.

기분일치 효과를 만드는 것은, 뇌의 네트워크일까

이런 효과가 생기는 메커니즘에 대해서는 몇 가지 설명이 있다.

그중 가장 유명한 것은 앞의 실험을 했던 심리학자 바우어가 주장한 '네트워크 활성화 가설'이다(Bower, 1981). 이 이론으로 앞의 실험 결과를 설명하면 이렇게 된다.

실험에 참가한 어떤 학생이 슬픈 기분으로 유도된다. 그러면 그 학생에게는 그때의 '슬픈 기분'과 연계된 머릿속의 개념이 활성화된다. 이 활성화된 개념이나 그것에 가까운 이야기 내용(예 : 책은 연인에게 버림받았다)은 처리가 촉진되어 잘 기억된다.

우울할 때는 기분불일치 효과를 노리자

내 기분과 정반대인 정보를
일부러 많이 접해서 부정적인 루프를 끊어버리자!

기분일치 효과에서 달아날 방법은 없을까?

모든 사람이 우울함의 무한반복을 피할 수 없다면 인생이 너무 힘들 것이다. 그러나 그런 부정적인 기분을 누그러뜨리는 현상으로 '기분불일치 효과'라는 것도 알려져 있다. 이것은 부정적인 기분이 되었을 때, 과거의 즐거운 경험을 떠올리는 것이다.

여기서는, 사람은 불쾌한 일을 겪어도 어떻게든 그런 기분을 억누르고 적극적으로 기분을 바꿈으로써 매일매일을 살아가고 있다는 것이 제시된다. 이것을 뒷받침하듯이, 여러 연구를 통해 부정적인 방향으로의 기분일치 효과는 긍정적인 방향으로의 기분일치 효과보다 비교적 생기기 어렵다는 것이 밝혀졌다.

단, 내가 우울한 상태라는 것을 자각하고 있다면, 의식적으로 '기분전환'을 하기 위해서라도 친구에게 전화를 하거나 가족에게 자신의 실패를 농담처럼 가볍게 털어놓거나, 아무 생각없이 웃을 수 있는 코미디 영화를 보는 등, 일찌감치 기분전환을 하여 우울함의 무한반복을 방지할 수 있다.

처음 와본 곳인데 전에 와본 적이 있는 것 같다면,
그것은 전생의 기억일까?

09

데자뷰

Déjà Vu

| 의미 | 실제로는 분명히 한 번도 체험한 적이 없는데, 예전에 어딘가에서 체험한 것처럼 느끼는 현상. |

| 관련 | 설단 현상(→132쪽) |

이 풍경, 이전에도 본 것 같은데……

실제로는 한 번도 체험한 적이 없는 것이 분명한데, 문득 이전에도 똑같은 일이 있었던 것처럼 느꼈던 적은 없는가?

'데자뷰'는 프랑스어로 '이미 본 적이 있다'라는 의미를 가진 말로, 우리말로는 '기시감既視感'이라고 한다. 데자뷰 현상은 시각뿐만 아니라 대화 등에서도 생긴다. 분명히 모르는데 알고 있는 듯한 기묘한 감각 때문에 신비 체험을 했다고 생각하는 사람도 있다.

그러나 사람 마음의 메커니즘을 알면 데자뷰 현상은 확실하게 설명이 된다. 이 현상은 100년 이상이나 이전부터 연구자들의 관심을 모아왔다. 하지만 데자뷰를 일으키는 계기가 확실하지 않고, 데자뷰가 내적인 체험이며, 제3자가 관찰할 수 있는 '행동'이 동반되지 않는 등의 이유로 과학적인 연구 수법에 의거해서 다루기 힘든 현상이기도 했다.

데자뷰 현상을 가리키는 용어나 정의도 오랫동안 제각각이었으며, 과학자들이 '데자뷰'라는 말을 사용되게 된 것은 1980년대 후반부터였다. 이 말이 대중적으로 퍼진 것은 다시 그로부터 몇 십 년 후였다 (Brown, 2003).

병리일까, 일상일까

데자뷰 현상은 이인증(Depersonalization, 자기가 낯설게 느껴지거나 자기로부터 분리, 소외된 느낌을 경험하는 것-옮긴이)이나 조현병, 기분장애, 인격장애 등과 관련이 있을지도 모른다는 생각을 토대로 많은 연구가 이루어져왔다.

반면에, 일상적으로 누구나 겪을 수 있는 현상이라고 생각한 연구자들도 있었다. 예를 들어 저명한 심리학자인 티치너는 데자뷰 현상이 단순히 '기억 착오, 또는 잘못된 인식'에서 생기는 것이라고 생각했다 (Titchener, 1928).

일본인을 대상으로 한 연구에서도 대학생과 대학원생 202명에게 장소나 사람에 대한 데자뷰 경험을 물었더니 72%가 '경험 있음'이라고 답했다(구스미楠見, 2002).

정신질환 등을 갖고 있는 경우와 그렇지 않은 경우 사이에, 데자뷰 체험률이 차이가 있을까? 다양한 연구 결과를 정리한 2003년의 보고서에 따르면, 데자뷰를 평생에 적어도 한 번은 경험한 사람의 비율은 다음 페이지 표와 같다.

즉 질병이나 장애와는 상관없이 3명에 2명 정도는 살아가는 동안 데자뷰를 경험한다고 말할 수 있다.

데자뷰를 한 번이라도 경험한 적이 있는 사람의 비율(%)

	평균	중앙값
전체	67	66
건강한 그룹(32건)	68	70
정신질환 등을 가진 그룹(9건)	55	65

데자뷰를 경험하는 계기의 하나는 '유사성'이다

데자뷰를 설명하는 수많은 이론이 있지만, 그중에서 '유사성 인지'라는 설명을 소개한다(구스미, 2002).

〈그림1〉의 오른쪽을 보자. 예를 들어 지금 당신이 긴 계단을 한창 올라가고 있는데 데자뷰가 생겼다고 해보자. 사실 당신은 이전에 실제로 비슷한 풍경을 본 적이 있었던 것이다. 그것 자체는 당신의 의식으로는 올라오지 않지만, 눈앞의 풍경이 계기가 되어 옛날 기억이 무의식적으로 떠오르고, 그것이 '그리움'이라는 감각으로 초래된다.

이처럼, 사람의 정보 처리 과정에는 의식적인 것과 무의식적인 것이 있으며, 명백하게 과거의 기억과 관련지어서 떠올릴 수 있는 경우를 심리학 용어로 '회상', 뭔가 그리운 느낌이 들지만 언제 어디서 경험했는지 떠올릴 수 없는 경우를 '숙지성熟知性'이라고 분류해서 부른다.

실제로 대학생에게 데자뷰를 경험한 장소에 대해 묻자 30% 이상이 가로수길, 오래된 동네 풍경, 공원, 정원, 학교 건물, 사찰 등을 들었다. 이런 풍경은 거리에서 흔히 볼 수 있으며 대개 비슷비슷하다. 데자뷰가 일어나기 쉬운 조건을 만족한 장소라고 말할 수 있는 것이다.

<그림1> 과거의 유사한 풍경이 무의식적으로 떠오른다

유사

이전 경험   현재 경험

이 풍경, 전에도
어딘가에서……?

데자뷰는 엄연한 심리 현상이다. 많은 사람이 체험하는 것이며, 그것 자체는 걱정할 필요가 없다. 신비 체험이나 전생의 기억도 아니다.

다만, 주변 사람 중에 데자뷰가 전생의 기억을 반영한다고 믿는 사람이 있다면 무리하게 그 생각을 바꾸려고 할 필요는 없다. 어떤 생사관을 가질 것인지는 개인의 자유이며 '환생'을 믿는 대학생이 그렇지 않은 경우보다 삶에 보람을 느끼는 정도가 높다는 조사 보고도 있다(오이시大石 등, 2007).

다만, 데자뷰가 스트레스나 피로와 관련 있을 가능성이 있다는 지적은 있다(Brown, 2003). 주변 사람 중에 데자뷰를 빈번히 체험하는 사람이 있다면 휴식을 취해보라고 권해주자.

"왜, 그거 있잖아. '다'로 시작하는……"
건망증은 왜 생길까?

10

설단 현상
Tip of the Tongue Phenomenon

의미	어떤 내용이 생각날 듯 말 듯한데, 생각나지 않는 상태. tip of the tongue을 축약해서 TOT 현상이라고도 한다.
관련	데자뷰(→128쪽)

그 노래 제목이 뭐였더라?

분명히 기억하고 있는 단어인데, 갑자기 그 단어가 떠오르지 않는 상태를 우리말로는 '혀끝에서 맴돈다'라고 하며, 영어로는 "it's on the tip of my tongue", 즉 '혀끝까지 올라왔다(그러나 입 밖으로 나오지 않는다)'고 한다. 그래서 심리학에서는 이 현상을 '설단 현상'이라고 한다.

이런 일상적인 현상에 대해서는, 영어 이외의 많은 언어에서도 '혀'의 비유가 이용되고 있다(Schwartz, 1999). 예를 들어 이탈리아어(sulla punta della lingua) 및 아프리칸스어(op die punt van my tong, 남아프리카공화국에서 널리 사용된다)에서의 표현은 모두 '혀끝'을 의미한다. 그 밖에도 에스토니아어의 '혀 머리에 있다', 샤이엔Cheyenne족의 말 '혀에서 그것을 잃었다', 아일랜드어 '혀 앞', 웨일스어 '나의 혀 위', 마라티Marathi어 '혀의 위' 등, 각 나라에서 비슷한 표현이 사용되고 있다.

설단 현상은 모든 연령대의 사람들에게 일어날 수 있지만 고령자에게 더 잘 일어난다.

설단 현상을 '길들이다'

설단 현상은 1966년에 처음으로 실증적으로 검토되었다(Brown and McNeill, 1966). 그때까지는 '예고 없이 사람을 습격하는 야생동물 같은 상태'였던 설단 현상이, 그때 이후로 가축으로 길들여져 연구 가능한 상태가 되었다고 평가받는다.

실험자는 56명의 대학생 실험 참가자에게, 평소에 거의 쓰지 않는 단어의 '정의'(예 : 각거리角距離, 특히 바다의 태양·달·별의 거리를 측정하기 위해 사용하는 측량기기)를 소리 내서 읽는다.

그리고 참가자에게는 '단어가 생각나지 않더라도, 단어 자체는 알고 있으며, 조금만 더 생각하면 생각해낼 수 있다'고 느꼈다면, 곧바로 앞에 놓인 답안지에 쓰기 시작하라고 요청했다.

답안지는, 참가자가 '생각날 것 같은 단어'의 음절 수와 첫 번째 글자 등을 추측하여 적게 되어 있었다(설단 현상을 체험하지 않은 참가자들은 답을 하지 말고 대기하라고 전달받았다).

전원이 답안지를 작성한 다음, 실험자가 앞에서의 정의에 해당하는 단어(예 : 육분의)를 소리 내서 읽었다.

완전히 생각은 안 나지만 생각이 날 듯 말 듯……

실험에서 사용한 단어와 사례는 모두 360건이었으며, 그중에 설단 현상이 발생한 것은 233건이었다.

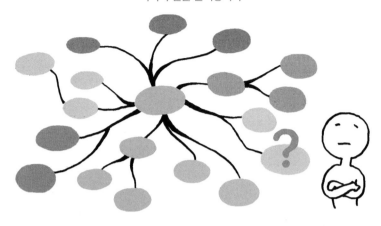

한 번 기억한 것은 실마리가 있으면 기억할 수 있다.

답안지 데이터를 분석했더니, 단어를 완전히 생각해내지는 못했지만 생각날 듯하다고 참가자가 느끼고 있던 경우가, 그렇지 않은 경우보다, 단어에 포함된 글자나 음절 수, 주요 액센트 위치에 대해 보다 정확하게 답을 했다. 그런 경향은 '생각날 듯하다'라고 느낀 경우에 더욱 강하게 나타났다.

생각이 안 나는데 그 단어의 특징을 부분적으로 알 수 있다는 것이 이상하게 느껴질지 모르지만, 우리도 평소에 '그거 뭐더라? 요즘 유행하고 있는, "다"로 시작하는 것……'과 같이, 자주 체험하는 것이다.

설단 현상에 관한 두 가지 이론

설단 현상에 관한 이론은 크게 직접 액세스설과 추론설, 두 가지로 나눌 수 있다.

직접 액세스설에 따르면, 생각이 안 나지만 '분명히 기억하고 있다'는 느낌이 있을 때 설단 현상이 생긴다.

한편 추론설에 따르면, 생각해내려는 항목이 기억으로 남아 있을 가능성이 높은 것을 나타내는 실마리(예 : 생각해내고 싶은 단어의 부분적인 정보를 얻을 수 있는 등)에서 '분명히 생각해낼 수 있는 상태다'라고 무의식적으로 추측함으로써 설단 현상이 생긴다.

두 가지 설은 비슷한 것 같지만 전자는 '우리 의식은 머릿속에서 일어나는 것을 그대로 반영하고 있다'는 입장이고, 후자는 '머릿속에서 실제로 일어나고 있는 것과 우리가 의식으로서 체험하는 것이 반드시 일치하지는 않는다'는 입장이다.

후자와 같이, 우리의 의식으로 올라오는 것과는 다른 정보 처리 과정이 있다는 생각은 예전부터 이중二重 과정 이론으로 알려져 있다. 두 가지 정보 처리 과정의 차이가 우리의 일상에 다양하게 영향을 미치고 있다는 것이다.

생각이 안 난다 = '잊어버렸다'는 아니다

설단 현상에 빠지면 단어가 떠오르지 않아 초조하거나 불쾌해질 수도 있다. 그러나 초조해하지 않아도 된다. 많은 경우, 충분한 시간을 들이면 결국은 생각해낼 수 있다고 알려져 있기 때문이다. '생각이 떠오르지 않는' 것은 '잊어버렸다'는 뜻은 아니다.

애니메이션 「센과 치히로의 행방불명」에는 '한 번 있었던 일은 잊을 수 없는 법이야, 생각해낼 수 없을 뿐이지'라는 대사가 나온다. 모든 것을 잊을 수 없다는 건 지나친 말이지만(기억에 남지 않는 경우도 있다) 기본적으로는 이런 입장에 서서 단어가 생각날 때까지 느긋하게 기다려보자.

11

거짓 기억

False Memory

평생 소중히 간직하고 싶은 아름다운 추억이
사실은 허구였다면?

| 의미 | 실제로는 경험하지 않은 사건을 경험한 것처럼 떠올리는 현상. 허위 기억, 또는 착오 기억이라고도 한다. |

| 관련 | 수면자 효과(→140쪽) |

기억은 달라지는 것

여러분은 일상에서 접하는 다양한 정보나 유년기 무렵의 사건을 얼마나 기억하고 있는가? 그중에는 아련하게 기억이 나거나 전혀 기억나지 않는 것도 많을 것이다. 한편으로, 당시 풍경 등 비교적 뚜렷하게 떠올릴 수 있음에도 불구하고, 그것이 진실과는 다른 경우도 있다. 여기서는 그런 현상에 얽힌 연구를 소개한다.

미국에서 이루어진 '기억 이식'에 관한 실험이다(Loftus and Pickrell, 1995). 실험자는 14살 소년 크리스에게 '당신이 어린 시절에 체험했던 사건'이라는 형태로, 크리스가 어렸을 때 실제로 일어난 세 가지 사건과 일어나지 않은 한 가지 사건을 제시했다. 그리고 크리스에게 네 가지 사건에 대해 닷새 동안 기억나는 것을 종이에 쓰고, 자세한 것이 기억나지

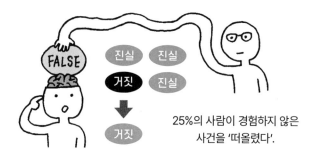

실제로 경험한 세 가지 사건과 경험한 적이 없는
하나의 사건을 기억해달라고 요청했더니……

FALSE

진실 진실

거짓 진실

⬇

거짓

25%의 사람이 경험하지 않은
사건을 '떠올렸다'.

않으면 '기억나지 않는다'라고 써달라고 요청했다.

크리스의 과거 경험이라고 가짜로 전달된 사건은 '쇼핑몰에서 미아가
되었다'라는 것이었다. 실제로 체험하지 않았음에도 불구하고 크리스
가 그 사건을 어떻게 "떠올렸는가"에 대한 아래 답을 보자.

· 5살 때, 가족이 자주 쇼핑을 하러 가던 워싱턴주 스포켄의 유니버시티
  쇼핑몰에서 미아가 되었다.

· 나이 지긋한 아저씨의 도움으로 가족을 다시 만났을 때 엄청 울었다.
  도와준 아저씨가 '정말 멋있다'고 느꼈다.

· 두 번 다시 가족과 만날 수 없을까봐 겁이 났다. 어머니에게 야단을 맞
  았다.

크리스는 심지어, 도와준 아저씨가 파란 플란넬 셔츠를 입었고 나이
가 지긋해서 머리 정수리 부분이 벗겨졌으며 안경을 쓰고 있었다고 대
답했다.

크리스 소년은 특수한 예였을까? 그 후 18~53살 남녀 24명을 대상으로 똑같은 실험을 다시 해보았더니 참가자 가운데 25%가 실제로 경험하지 않은 사건을 떠올렸다(Loftus and Pickrell, 1995).

즉, 기억은 결코 '비디오레코드 같은 것이 아니라' 새로 얻은 정보로부터 끊임없이 간섭을 받아 보완되고 재구성되어가는 것이다. 이처럼 실제로는 경험하지 않은 사건을 경험한 것처럼 떠올리는 현상을 '거짓 기억'이라고 한다.

기억회복요법을 사용하지 않게 된 이유

이런 연구 결과는 1990년대 후반 미국 사회에 큰 영향을 미쳤다.

예를 들어 프로이트적인 정신분석 입장에서는 무의식적으로 떠올리지 않도록 억압된 트라우마를 해방하면 부적응을 치유할 수 있다고 생각했다. 그래서 당시에는 치료요법을 통해 과거에 가족에게 학대당한 기억을 떠올린 환자도 많았으며 자식이 부모를 고소하기도 했다.

그러나 치료요법을 통해 떠오른 기억은 정말로 억압된 기억이었을까? 거짓 기억이었을 가능성은 없을까?

이 점에 대해 심리요법가와 기억 연구자 사이에 격렬한 논쟁이 벌어졌고 학대 피해자와 용의자의 인권과 지원 방안에 대한 논의로까지 발전했다. 이 논쟁은 아직까지도 명확한 결론은 내려지지 않았지만, 요즘은 기억회복요법을 거의 쓰지 않는다.

목격 증언은 얼마나 믿을 수 있을까?

뉴스를 보면 날마다 수많은 사건 사고가 일어난다. 그런 사고 현장을 우연히 보거나 사건에 휘말려든 목격자의 증언이 중요한 증거가 되

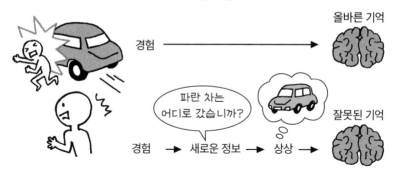

'기억의 오염' 개념도

올바른 기억

경험

파란 차는
어디로 갔습니까?

경험 → 새로운 정보 → 상상 →

잘못된 기억

기도 한다.

하지만 보고 들은 기억이 그대로 정확히 보존된다고는 할 수 없다. 왜냐하면, 나중에 주어진 정보에 의해 전혀 새로운 기억이 만들어져버리기 때문이다. 이런 현상을 '기억의 오염'이라고 하기도 한다. 예를 들어 어설픈 경찰이 '당신이 본 파란 차는 어느 쪽으로 갔습니까?'라고 질문했다고 해보자. 그러면 '나는 분명히 "파란 차"를 보았다'라는 기억이 만들어져버릴 수도 있다.

주의해야 하는 것은 위의 예 같은 특수한 경우뿐만이 아니다.

현대인은 엄청난 양의 정보를 접하는 만큼, 기억이 오염될 기회 역시 크게 증가했을 가능성이 있다. 쓸데없는 말다툼을 피하기 위해서라도, 내가 또렷하게 기억하고 있다고 생각하는 사건이 사실과는 다를 수 있는 가능성을 염두에 두어야 한다.

또 한 가지, 누군가 말한 체험이 사실과는 다르다는 것을 알았다고 해서 그 자리에서 '나쁜 뜻을 가진 거짓말이다'라고 성급하게 속단해버리지는 말자.

시간이 지남에 따라 가짜 뉴스에 신빙성이 생겨서
저항하기 어려운 이유.

수면자 효과

Sleeper Effect

의미	신뢰도가 낮은 출처의 정보에 의해 처음에는 의견이 좌우되지 않지만, 시간이 지나면서 의견이나 태도가 바뀌는 것.
관련	거짓 기억(→136쪽)

소문의 출처는 어디?

우리는 매일 TV나 잡지, 인터넷, 입소문 등을 통해 다양한 정보를
접한다. 불확실한 정보가 급속도로 퍼져서 유언비어의 확산이나 특정
개인에 대한 공격, 더 나아가 '여론몰이'로 이어지기도 한다.

흥분이 가라앉은 다음 돌이켜보면 이런 생각이 들 것이다.

'왜 이런 이야기를 믿었을까? 생각해보면 근거도 없는 SNS 게시글뿐
이었는데······.'

이런 현상에 관련된 인지 바이어스로 '수면자 효과'를 소개한다. 1951
년에 미국에서 했던 어떤 실험이다. 실험에 참가한 대학생은 '항히스타
민제는 의사의 처방 없이 계속 판매되어야 하는가?' 등, 당시 세상에서
주목받고 있던 네 가지 이슈에 관한 기사를 읽으라는 요청을 받았다.

이때 기사에는 '출처'가 표시되어 있었는데, 사실 이것이 실험 조건으로 조작되어 있었다. 예를 들어 항히스타민제 이슈의 출처는 생물의학지와 대중 월간지 기사였다. 또한, 모든 조건에서 기사의 기본적인 내용은 같지만, 마지막 결론 부분만 긍정적인 버전과 부정적인 버전의 두 가지가 있었다. 어떤 조건에 배정되는지는 사람마다 달랐다.

대학생은 실험자로부터 이것이 일반적인 여론조사라는 말을 듣고 3회에 걸쳐서(네 가지 기사를 읽기 전, 읽은 직후, 및 읽은 지 4주 후) 질문에 답했다.

거기서 기사가 주장하는 방향에 대학생의 의견이 얼마나 달라졌는지에 대한 데이터가 측정되었는데, 대학생이 실험 의도를 알아차리지 못하도록 관계없는 질문도 제시되어 있었다.

결과는 〈그림1〉과 같았다.

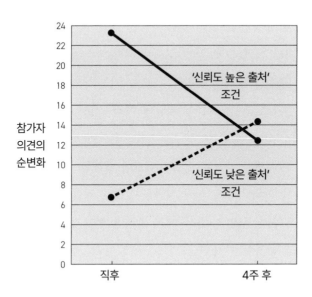

<그림1> 정보의 설득성은 시간이 지나면서 달라진다

참고 : Carl Hovland and Walter Weiss, "The Influence of Source Credibility on Communication Effectiveness," Public Opinion Quarterly: 15(4), 635-650, 1951.

기사를 읽은 직후에는 출처의 신뢰도가 높을수록 의견 변화가 일어나기 쉬우며 신뢰도가 낮을수록 의견 변화가 일어나기 힘들다는, 누구나 예측할 수 있는 결과였다.

그러나 4주 후에는 그런 차이가 사라졌다. 즉, 처음에 대학생들은 신뢰할 수 없는 정보라고 판단했음에도 불구하고, 시간이 지남에 따라 설득되는 경향이 엿보인다.

머릿속에 존재하는 수면자?

이처럼 사람들이 설득력 있는 메시지 다음에 신뢰도를 낮출 만한 정보(예 : 이 기사는 대중지에 실린 것이다)를 접했을 때, 일단 떨어졌던 메시지의 설득성이 시간이 지나면서 높아지는 경우가 있다.

이런 현상을, 행동해야 할 때까지 일반인인 척하면서 살아가는 스파이, 즉 '수면자(슬리퍼)'에서 따서 '수면자 효과'라고 한다.

이런 현상 뒤에는 '소스 모니터링'이라는 메커니즘이 있다. 소스 모니터링이란 자기 기억 속에 있는 정보(들은 이야기, 본 풍경 등)를 어디서 얻었는지에 대해, 출처를 확실히 판별할 수 있는 기능을 가리킨다.

이런 수면자 효과는, 시간이 지남에 따라 '기사 내용은 기억하지만 출처는 잊어버리는 상태(또는 '출처는 기억하지만 그것과 기사를 연관짓지 못하는' 상태가 된다는 설도 있는데, 둘 중 어느 쪽이든)', 즉 소스 모니터링에 실패한 상태로 볼 수 있다. 앞에서 말한 '가짜 기억'도 어떤 기억을 실제로 체험한 적이 없는지, 다른 사람으로부터 듣거나 머릿속에서 그려낸 적이 없는지, 구별되지 않는 상태라고 해석할 수 있다.

수면자 효과가 생기는 조건은 다음과 같은 몇 가지가 있다.

- 정보(기사) 자체에 설득력이 있는 경우.

- 정보가 먼저 제시되고, 그 후에 출처가 제시되는 경우.

- 출처의 신뢰도가, 정보를 접한 직후의 태도 변화를 억제하기에 충분할 정도로 낮은 경우.

- 정보를 접한 후 충분한 시간이 지난 경우.

'목소리 큰 사람이 이기는' 전쟁

현재 미국에는 '스위프트보팅swiftboating'이라는 신조어가 있다. 선거 때 상대 후보에게 퍼붓는 개인적이고 격렬한 공격을 가리키는 말이다. 이런 퍼포먼스는 보기에도 좋지 않고 믿을 수 없는 정보라고 판단하는 경우도 많을 것이다. 그러나 이런 수법이 슬금슬금 효과를 발휘하여 득표수에 차이를 만들어낼 가능성이 있다.

우리는 매일 수많은 정보를 접하는데, 그것이 가짜 뉴스인지 아닌지 내가 분명하게 판단할 수 있다고 생각하는 경향이 있다. 그러나 신뢰하던 정보에 은밀히 '수면자'가 섞여 있을 수 있다. 미심쩍은 사람들이 '폭로'라는 제목으로 진위도 알 수 없는 뜬소문을 SNS나 동영상 사이트에 퍼뜨리고 있는 오늘날에는 특히 주의를 기울여야 한다.

한편으로, 무심코 게시판에 올린 한마디가 입소문이나 SNS 등을 통해 퍼져 돌이킬 수 없는 상황이 벌어질 가능성도 있음을 반드시 기억하자.

'영감'에 이르는 데 필요한 의외의 단계가 있다.

13

심적 제약
Mental Constraints

| 의미 | 문제해결을 방해하는 무의식적인 선입견. |

| 관련 | 기능적 고착(→148쪽) |

9개의 점 문제와 가상의 '상자'

아래 그림을 보자. 9개의 점 위를 연필을 떼지 않고 직선으로 모두 지나가려면 최소한 몇 개의 직선이 필요할까? 같은 점을 여러 번 통과해도 된다.

이 문제를 처음 푸는 사람들은 대부분 '5개'라고 대답할지 모른다. 그러면, 직선 수를 4개 이하로 제한한다면 어떻게 점 위를 통과하면 될까? 이 문제는 간단해 보이지만 정답률은 20~25% 정도라고 하며, 어렵기로 유명한 퍼즐 가운데 하나다.

9점 문제

●   ●   ●

●   ●   ●

●   ●   ●

몇 가지 정답을 147쪽에 제시했다. 여러분은 정답을 맞추었는가?

이 문제가 어려운 이유는 9개의 점을 개별적으로 인식하는 것이 아니라 그것들로부터 '1개의 정사각형 상자'를 상상해버리기 때문이다. 그리고 그 '상자' 속에 들어가도록 직선을 그어야겠다고 생각해버린다.

이처럼, 문제를 풀 때 걸림돌이 되는 무의식적인 '감금'을 심적 제약이라고 한다. 이 심적 제약의 완화, 즉 발상의 전환을 하지 않는 사람은 계속 상자 속에 갇혀서 고착된다.

상자 밖으로 날아간 직선

9점 문제는 머리를 유연하게 하여 생각한다는 "think outside the box"라는 숙어의 유래이기도 하다.

문제를 풀려면 무의식적으로 사로잡히게 되는 전제를 깨부수고 '직선은 상자 밖으로 날아간다', '직선은 점이 없는 곳에서도 꺾인다'라는 발상을 할 필요가 있기 때문이다.

이런 발상의 전환은 어떻게 가능할까? 사회심리학자 월러스는 사람이 번뜩이는 영감에 도달하는 과정에는 준비, 부화, 계시, 검증의 4단계가 있다고 제시했다(Wallas, 1926).

준비 단계에서 사람은 문제해결에 집중하고 도전과 실패를 반복한다. 9점 문제로 치면, 상자 안쪽에서 시행착오를 겪는 상태다. 그리고 정답에 이르는 지름길을 얻지 못하고 벽에 부딪힌다.

다음으로 찾아오는 것이 부화 단계다(incubation를 번역한 말로, '부화'가 정착해 있지만, 여기서는 알이 부화하기 이전의 데우는 시기를 가리킨다). 이 단계에 있는 사람은 멍하게 있거나 다른 간단한 작업을 시작하기도 하므로, 옆에서 보기에는 문제를 풀겠다는 노력을 포기한 것처럼 보일 수도 있다. 그러나 사실은 그

동안에도 무의식적인 노력이 계속되고 있다.

그리고 계시 단계에서 깨달음이 찾아온다. 이 단계의 사람에게는 어떤 순간 '갑자기 정답을 떠올린' 것처럼 느껴지며 놀라움이나 감동을 동반하기도 한다.

마지막의 검증은 떠오른 아이디어를 시험하고 유효성을 확인하는 단계다.

이들 4단계는 각각 독립적으로 일어나는 것이 아니라 상호작용을 하고 있다. 부화를 거쳐 계시에 이른 것은 준비 단계에서 문제에 집중하여 씨름하여 문제의 기본 구조를 이해했기 때문이다.

'멍때리기'는 왜 중요할까

다양한 역사적 발견에 관한 일화에서도 이 부화 단계의 중요성이 많이 제시되어 있다.

예를 들어 고대 그리스의 아르키메데스는 왕관의 부피를 측정할 방법을 목욕을 하다 욕조에서 흘러넘치는 물을 보고 생각해냈다. 긴장을 풀고 있을 때 좋은 아이디어가 번뜩이며 떠오른 적이 있었던 사람도 많을 것이다.

앞에서 말한 '4단계'를 주장한 월러스는 일의 흐름 속에서 작업에 집중하는 시간과 그것을 중단하는 시간을 조합함으로써 부화 단계가 초래하는 효과를 의식적으로 일으키자고 제안하고 있다.

요즘 미국의 연구 그룹은 창조성을 측정할 수 있다고 여겨지는 과제를 이용하여, 휴식의 효과를 검증하고 있다. 실험 대상자는 과제 도중에 휴식 있음/없음이라는 두 그룹 이외에 일단 과제를 중단하고 다른 과제(집중이 필요한 과제, 또는 멍하게 몰두하는 과제)에 각각 참가한 그룹이라는 총 네 그룹으로 나뉘었다. 그 결과, 일단 과제를 중단하고 멍하게 몰두할 수 있는 다른 과제를 하던 그룹에서 중단했던 과제에 대한 영감이 보다 많이 초래된다고 보고했다.

이것들은, 번뜩이는 영감을 얻으려면 단순히 '휴식을 취하면 된다'는 것이 아니라 멍하게 릴렉스하는 것이 중요하다는 것을 나타낸다.

예를 들어 당신이 좋은 아이디어가 떠오르지 않아 머리를 식히려고 휴식을 취하려고 한다면 스마트폰을 들여다보거나 읽다 만 소설을 읽기보다는 의식적으로 '아무것도 하지 않는' 시간을 만드는 것이 훨씬 효과적일 수 있다.

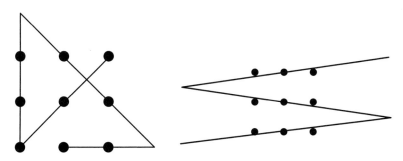

9점 문제의 해답.
이 문제는 100년 이전의 옛날 퍼즐책에 등장했다.

인공지능에 뒤지지 않는 인간의 고유한 능력은
무엇일까?

14

기능적 고착

Functional Fixedness

| 의미 | 어떤 물건의 사용법에 대해, 특정 용도에 집착하여 새로운 사용법에 대한 발상이 방해받는 것. |

| 관련 | 심적 제약(→144쪽) |

양초 문제를 풀어보자

눈앞에 〈그림1〉과 같은 도구가 있다. 여기 있는 도구만을 사용하여 문에 양초를 고정시키려면 어떻게 하면 될까(답은 151쪽 <그림2> 참조).

이것은 사람이 어떻게 문제해결을 하는지를 조사하기 위해 1945년에 고안된 문제다. 실험에서는 〈그림1〉과 같이 이미 '용기'로 사용되고 있는 상태의 작은 상자를 본 실험 참가자와, 상자가 비어 있는 상태를 본 실험 참가자로 나뉘었다.

그 결과, 상자가 빈 상태에서 제시된 조건에서는, 모든 참가자가 〈그림2〉의 답을 알아냈다. 그러나 용기로 사용되고 있는 상태에서 상자가 제시된 조건에서는 정답률이 절반 이하로 뚝 떨어졌다. 이것은 상자가 가진 '용기'라는 원래 기능에 유도되어 다른 사용법을 생각하지 못하

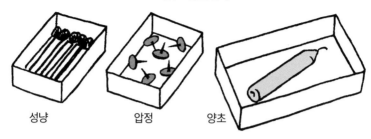

<그림1> 양초 문제

성냥　　　　압정　　　　양초

이 도구들을 이용하여 문에 양초를 고정하려면 어떻게 해야 할까?

게 되었기 때문이다. 이런 상태를 '기능적 고착'이라고 한다.

번뜩임과의 연관

이런 기능적 고착을 일으켜도 딱히 곤란하지는 않다고 생각하는 사람도 있을 것이다. 그러나 여기에서 벗어나려 하는 힘이, 난관에 부딪히거나 아이디어가 막혔을 때 돌파구를 찾아내는 힘이 될 수도 있다.

우리 일상에는 단 한 가지 정답에 도달하는 데 필요한 사고(수렴적 사고)가 아니라 새로운 발상을 착착 내놓는 타입의 사고(확산적 사고)도 필요하다. 이 확산적 사고는 번뜩임을 이끄는 힘과 관련되어 있는 것으로 보고 있다. 지능과는 관계가 없으며 전통적인 지능 테스트로는 측정하기 힘든 능력이다. 이런 번뜩임을 이끌어내는 힘(높은 창조성)을 측정하는 것으로 UUT(Unusual Uses Test)가 있다(Guilford, 1967).

이 테스트는 주변에서 흔히 볼 수 있는 물건의 새로운 용도를 되도록 많이 생각하는 것이다. 예를 들어 500밀리리터 페트병을 생각해보자. 안에 물을 넣어서 운반한다는 기존 용도 이외에도, 페트병 여러 개에 물을 넣어서 누름돌 대신으로 쓴다, 던져서 비거리를 겨룬다, 안에

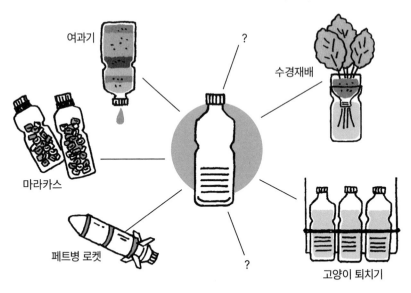

페트병 사용법을 몇 가지 생각할 수 있는가?(UUT)

여과기

?

수경재배

마라카스

페트병 로켓

?

고양이 퇴치기

모래를 넣어서 마라카스를 만든다, 가로로 잘라서 팔찌를 만든다 등 등 다양한 사용처를 생각할 수 있다.

인공지능이 아직 인간을 따라잡을 수 없는 능력

'인간은 수십 년 후에는 인공지능(AI)에게 일자리를 빼앗긴다' 같은 말을 많이 들었을 것이다.

이 말의 발단이 된 것으로 여겨지는 2013년 보고서가 있다(Frey and Osborne, 2013). 이 보고서는 미국의 702개 직업을 대상으로, 업무의 컴퓨터화에 대한 미래적인 확률을 추정하고 있다. '앞으로 10년이나 20년 안에' 컴퓨터에 의한 자동화가 가능해지는 일자리가 미국 총고용의 약 50%까지 올라간다는 것이다.

<그림2> 양초 문제 답

그러면, 인간의 일자리는 정말로 금방 인공지능으로 대체되어버릴까? 반드시 그렇다고는 할 수 없다. 우리가 매일 직면하는, 약간의 '예기치 못한' 문제를 해결하려면 창조성이 필요하기 때문이다.

창조적인 인공지능을 개발하기 위해 수많은 연구자가 밤낮 없이 연구에 몰두하고 있으며, 인공지능의 창작 활동도 현실이 되었다. 하지만 인간의 창조성 자체에 대해서도 아직 해명되지 않은 부분이 많으므로 인공지능이 인간 수준이나 그 이상의 창조성을 학습하는 것은 미래의 일이다.

사회의 글로벌화 등이 가져오는 거대한 변화 때문에 미래 예측이 불가능한 시대가 온다고 한다. 이런 때일수록 기존 방식에 얽매이지 않은 유연한 발상으로 시대를 헤쳐가는 힘이 더욱 중요할 것이다.

'걸으면서 스마트폰 하기'를 비롯해 '~하면서 ○○하는'
것이 아주 위험한 이유는?

인지과학 관련
바이어스

15

선택적 주의
Selective Attention

의미	주변의 소음 속에서도 특정 화자의 말만을 들을 수 있는 것처럼, 많은 정보 중에서 필요한 것을 취사선택하는 것.
관련	주의 과실(→156쪽)

시끄러운 파티장에서 나누는 대화

많은 사람으로 북적이는 파티장이나 카페처럼, 주변 사람들이 제각
각 담소를 나누고 있는 시끌벅적한 상황을 상상해보자. 그런 가운데,
약간 떨어진 곳에 있는 그룹의 대화에 귀를 기울여보면 주변의 소음에
도 불구하고, 이상하게도 또렷하고 명료하게 들려온다.

이것을 '칵테일 파티 효과'라고 하며 우리도 일상에서 자주 경험하는
데, 영국에서 했던 일련의 실험을 통해 증명되었다(Cherry, 1953).

이 실험 참가자에게 좌우의 귀에 동시에 다른 음성을 제시하고, 좌
우 어느 한쪽의 음성에만 주의를 기울여서 입으로 반복해달라고 한다
(추창법追唱法). 그 결과, 참가자는 주의를 기울이지 않았던 다른 메시지에
대해서는 음향적 특징(예 : 영어 같았다) 말고는 전혀 떠올리지 못하고, 영어

칵테일 파티 효과란?

시끄러운 곳에서도 특정한 대화에만
주의를 기울여서 들을 수 있다.

를 모국어로 쓰는 화자가 (영어처럼) 독일어를 말하고 있었다는 사실
조차 알아차리지 못했다.

이를 통해, 내가 주의를 기울이지 않는 음성 정보는 '배제'되고(반대로
말하면, 내가 주의를 기울이는 음성 정보만 '선택'되어) 나에게 '음성이 들린다'라는 체험을
초래하고 있다고 생각할 수 있다.

선택적 주의는 음성 이외에도 작동하고 있다

음성뿐만 아니라 우리는 주변을 둘러싼 수많은 정보 가운데 어떤 것
에 계속 주의를 기울이고 있다. 그런 기능을 '선택적 주의'라고 한다.

우리가 평소에 선택적 주의를 어떻게 효율적으로 사용하고 있는가
에 대해 미국에서 유명한 실험을 했다(Simons and Chabris, 1999).

인터넷에 실험 동영상이 공개되어 있으므로 "selective attention test(선택적 주의 테스트)"로 검색하여 농구에 열광하고 있는 사람들의 동영상을 보기 바란다(처음에 등장하는 영어 설명은 '하얀 옷을 입고 있는 사람들이 농구공을 몇 번 패스했는지 세어보세요'이다).

여러분이 신선한 놀라움을 체험해보기 바라므로 동영상의 자세한 내용은 소개하지 않겠다. 1분 30초도 안 되는 짧은 동영상이므로 꼭 보기 바란다. 이 유쾌한 실험으로 연구자들은 2004년 이그노벨상(사람들을 웃기고 생각하게 한 업적에 대해 주는 상)을 받았다.

선택적 주의에서 벗어나면……

지금까지 한 말을 통해 '주의'란 환경에 무수히 존재하는 정보 중 하나에 초점을 맞추는 스포트라이트 같은 기능을 갖고 있음을 알았을 것이다. 그리고 이 정보의 선택에서 제외된 것은 상당히 큰 변화가 있어도 알아차리지 못한다. 이런 현상을 '변화맹'이라고 한다.

다른 하나의 실험을 소개한다(Simons and Levin, 1998). 역시 인터넷에서 'the "Door" study'라고 검색하면 동영상을 볼 수 있다.

이 실험에서는 실험자가 보행자에게 길을 묻는다. 실험자와 보행자가 한창 이야기를 나누고 있는데, 큰 간판을 운반하고 있는 사람들(실은 실험 협력자)이 두 사람 사이를 가로질러간다. 이 틈에, 처음에 보행자와 이야기를 나누던 실험자는 간판 그늘에 숨어서 교묘하게 협력자와 바꿔치기한다. 그리고 간판이 지나간 다음에는 (처음에 보행자와 이야기하고 있던 실험자와는 생김새와 목소리가 전혀 다른) 협력자가 보행자와 이야기를 이어간다.

보행자는 사람이 바뀐 것에 놀라거나 그전까지 자기에게 길을 묻고 있던 인물을 찾아내려 할까? 실제로는, 보행자의 절반이 자기와 대화하고 있던 인물이 바뀌었다는 것을 전혀 모르고 태평하게 대화를 이어간다.

'걸으면서 스마트폰 쓰기'의 위험성

정리하면, 우리는 주의의 '스포트라이트'을 구사하여 제한된 처리 능력을 효과적으로 활용하고 있다. 그러므로, 한정된 '스포트라이트' 사용법을 잘 생각해야 한다.

예를 들어 현재 일본에서는 자전거를 한 손으로 운전하는 것은 도로교통법으로 금지되어 있다. 자전거를 타면서 스마트폰을 보는 것도 법률 위반인 것이다. 자전거에 스마트폰 거치대를 설치한 사람도 많은데, 이것으로 문제를 해결했다고 말할 수 있을까?

이것은 인지과학 관점에서 보면 대단히 위험하다. 물리적으로 두 손을 사용할 수 있다는 것이 반드시 안전을 의미하지는 않는다.

주의의 스포트라이트가 스마트폰에만 집중되고, 그 밖의 정보가 모두 '배제'되어버린다면? 상상만 해도 끔찍하다. '미처 몰랐다'로는 끝나지 않을 돌이킬 수 없는 사태가 일어나기 전에, 평소에 내가 그런 행동을 하고 있지는 않은지 돌아보자.

걸으면서 스마트폰을 보면 사고를 당하기 쉬운 데는
이유가 있다.

16

주의 과실

Attentional Blink

| 의미 | 주의를 기울여야 하는 대상이 짧은 시간 안에 여러 개 나타날 때, 나중에 나타나는 것을 놓치는 경향이 있는 현상. |
| 관련 | 선택적 주의(→152쪽) |

주의와 일상생활

사람의 시야 중에서 사물이 또렷이 보이는 중심 시야는 망막의 중심에서 2도 정도의 범위다. 중심 시야를 둘러싼 '어느 정도 또렷이 보이는' 범위는 주변 시야라고 하며, 상황에 따라 넓이가 달라지는 것으로 알려져 있다.

예를 들어 자동차 주행 중에 내 주위에 존재하거나 나타나는 것을 놓치지 않고 얼마나 빨리 알아차리는지 조사하기 위해 여러 가지 조건으로 실험을 했다(미우라三浦·시노하라篠原, 2001). 그 결과, 사람의 주변 시야는 '도로 혼잡도'가 올라갈수록 좁아지며, 혼잡한 길일수록 갑자기 나타나는 것을 알아차리기 힘들다는 것이 제시되었다.

그러면, 사물이 뚜렷하게 보이는 중심 시야라면 놓치는 일이 없을까?

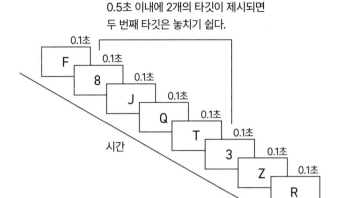

<그림1> 주의 과실 실험에서 영상이 빠른 속도로 바뀌는 모습

0.5초 이내에 2개의 타깃이 제시되면
두 번째 타깃은 놓치기 쉽다.

0.1초

F

0.1초

8

0.1초

J

0.1초

Q

0.1초

T

0.1초

3

0.1초

Z

0.1초

R

시간

그렇다고는 말할 수 없다. '주의 과실'로 알려진 현상을 소개한다.

주의도 '깜박인다'?

주의 과실 현상은 1987년에 처음 보고되었다. 그 후 많은 연구자가 이 현상의 메커니즘을 해명하기 위해 실험을 해왔다(Broadbent and Broadbent, 1987).

실험에서는 일반적으로, 개인용 PC를 사용하여 화면 위에 여러 개의 영상을 짧은 시간에 잇따라 바꿔서 제시한다. 〈그림1〉은 이 방법을 간단히 나타낸 것인데, 각 영상을 0.1초씩 제시하고 있는 상태를 보여준다.

실험 참가자는 미리, 예를 들어 '지금부터 한 글자씩, 알파벳을 몇 개 보여주는데, 그중에 숫자가 2개 섞여 있습니다'라는 말을 듣고, 어떤 숫자였는지 나중에 말해달라고 요청받는다. 빠르게 바뀌는 일련의 영상들 속에서 타깃(숫자)을 찾아내면 과제를 완수한 것이다.

그러나 타깃이 0.5초 이내에 2개 모두 제시되면, 두 번째 타깃은 놓치는 경향이 있다고 알려져 있다. 눈을 크게 뜨고 중심 시야로 보고 있는데도 생기는 이런 신기한 현상은, 마치 눈이 아니라 주의가 깜박여서 결정적 순간을 놓쳐버린 것 같다. 이런 현상을 '주의 과실'이라고 한다.

자동차나 자전거를 운전하고 있을 때 길이 혼잡하거나 보행자가 가까이 있으면 거의 동시에 주의를 기울여야 할 '타깃'이 많이 제시된 상태가 된다. 눈이 펑펑 돌 정도로 상황이 바뀌는 이런 상태에서는, 예를 들어 우회전에 너무 주의를 기울이다가 보행자를 보지 못할 가능성도 있다.

한눈을 팔지 않고 똑똑히 중심 시야로 보고 있더라도 '놓치는' 일이 생길 수 있음을 꼭 기억하자.

주의 자원은 무한하지 않다

주의 과실이 생기는 메커니즘에 대해서는 많은 가설이 있다.

그 대부분은, 처음에 주어진 정보를 처리하는 데 '주의 자원'이 많이 사용되어 후속 정보를 처리할 자원이 부족해진다는 입장(자원 박탈 모델)에 선다. 주의 자원은 '처리 자원'이라고도 하는데, 주의를 '의식적인 정보 처리에 필요한 심적 에너지'로 비유적으로 파악하려 한 용어다. 사람이 한 번에 사용할 수 있는 주의 자원에는 상한이 있으므로, '~하면서 ○○하기'처럼 동시에 여러 가지에 집중하기는 어려우며, 많은 경우 어느 한쪽이 소홀해진다.

그러나 요즘, 불필요한 수많은 정보 가운데 한눈에 뭔가를 발견하는

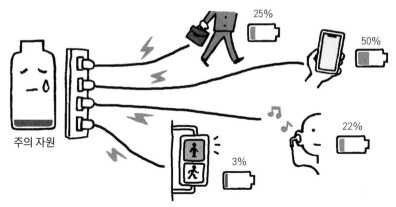

'~하면서 ○○하기'와 주의 자원 개념도

25%

50%

22%

주의 자원

3%

동시에 사건을 실행함으로써 주의 자원이 고갈되어
가장 주의를 기울여야 할 대상을 소홀히 하기도 한다.

과정에서 원인을 찾으려는 입장(선택 모델)도 많이 제안되고 있다. 이 논의
는 아직 결론이 나지 않았으며, 지금도 연구자들의 주목을 받고 있는
주제다.

주의 과실은 어떻게 줄일 수 있을까?

안전한 일상을 위해서도 주의 과실 현상이 언제든지 일어날 수 있는
가능성에 유의해야 한다. 한편으로 요즘 들어 주의 과실이 어떤 경우
에 줄어드는지 밝히기 위한 여러 가지 연구도 진행되고 있다.

우리가 일상에서 무의식적으로 행하고 있는 정보 처리에서, 주의 과
실 같은 현상이 어떤 경우에 생기며 어떤 경우에 그것을 잘 회피하는
지, 그 메커니즘이 명백해지는 날이 곧 올지도 모른다.

19세기 말에 실존했던, 계산 문제를 풀어낸
똑똑한 말 한스의 교훈.

17

똑똑한 말 한스 효과
Clever Hans Effect

의미	사람이나 동물이 어떤 테스트나 검사를 받을 때, 검사자의 행동에서 '바람직한' 답을 탐지하여 회답하는 것.
관련	확증 바이어스(→164쪽)

똑똑한 말 한스의 진실은?

19세기 말 무렵, 독일에서 천재적인 말 한 마리가 단숨에 유명해졌다. 한스라는 이름의 말은 주인이 내는 문제에 '말굽으로 땅을 치는' 행동의 횟수로 답을 제시한다는 것이다. 한스는 계산 문제나 음악의 화음에 관한 문제를 척척 풀어내어 지켜보던 사람들을 놀라게 했다.

한스의 행동에 대해 조사도 한 번 이루어졌는데, 속임수일 가능성은 없다고 보고되었다. 즉, 한스는 주인이 말하는 문제의 내용을 이해하고, 심지어 이런 문제를 풀 수 있을 정도로 높은 지능을 가졌다는 '보증'을 받았던 것이다.

그러나 그 후 재조사가 이루어졌다. 뛰어난 기법으로 행해진 일련의 실험에서는 한스를 둘러싼 사람들이나 문제 출제자조차 '문제 자체를

한스가 계산을 하고 있는 모습.

모르게' 하기 위해 치밀하게 준비되었다(Pfungst, 1907). 예를 들어 계산 문제에서는, 여러 사람이 각각 임의의 숫자를 한스에게만 들리게 속삭여서 들려주고, 그것들을 덧셈을 해보라고 명령하는 방식을 취했다. 그러자 90% 정도였던 계산 문제의 정답률이 10% 정도로 떨어져버렸다.

눈에 보이는 것, 그 너머의 진실

그렇다면, 한스는 왜 '문제를 알고 있는 사람이 주변에 있는' 상황에서만 문제에 정확히 답할 수 있었던 것일까?

사실, 한스가 문제에 답할 때 두드리는 말굽의 횟수가 정답에 가까워짐에 따라 주변 사람들의 표정이나 얼굴 방향 등이 아주 약간씩 달라지고 있었다. 그 변화는 본인들조차 자각하지 못했으며, 주변 사람들도 깨닫지 못했을 정도로 미묘한 것이었다.

그런데, 그런 변화를 알아차렸던 한스는 정답을 맞춰서 좋아하는 간식을 먹기 위해 그것들을 힌트로 사용하고 있었던 것이다. 주인이 일부러 속임수를 쓴 것은 아니었지만 한스의 '똑똑함' 뒤에는 이런 내막이 있었다.

'믿음'이 상대방에게 미치는 영향

한스의 예처럼, 어떤 사람의 행동이 다른 누군가의 행동에 영향을 주어 결과를 왜곡시키는 현상을 보다 넓게는 '실험자 효과'라고 한다. 한스의 경우는 사람의 표정 등에서 '적절하다고 생각하는 회답'을 한다는 것이었다.

실험자 효과의 또 다른 예는 '피그말리온 효과(교사 기대 효과)'이다. 이것은 어떤 초등학교에서 했던 실험에 토대하고 있다(Rosenthal and Jacobson, 1968).

실험에서는, 학기 초에 아동을 대상으로 학습능력 예측 테스트라고 이름 붙인 테스트(사실은 일반적인 지능 테스트)를 실시하고 학급 담임에게 테스트 분석 결과라며 '앞으로 성적이 오를 아이들' 목록을 보여주었다.

사실 이 아이들은 테스트 성적과는 관계없이 무작위로 선택되었는데, 그럼에도 불구하고 그 후에 다른 아이들에 비해 성적이 올랐다.

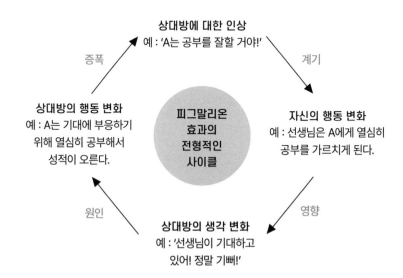

모든 아이를 평등하게 대해야 할 교사가 '앞으로 성적이 오른다'고 기대를 걸었던 아이에 대해 무의식적인 도움이나 특별한 배려를 한 결과, 비록 그 기대가 근거 없는 정보에 토대하고 있다 하더라도, 실제로 실력이 향상되었다는 설명이다.

이것은 교사의 성별이나 편견을 반영할 수 있다. 예를 들면 이과 교사의 수업 태도에서 학생들의 성별에 따른 차이가 보이며, 여학생보다 남학생들과 더 많은 커뮤니케이션을 한다는 보고도 있다.

똑똑한 말 한스의 교훈

지금까지 살펴본 대로, 사람은(또는 말도) 상대방의 행동에서 기대를 짐작하고 거기에 맞게 자기 행동을 바꾸는 경우가 있다. 영화 「마이 페어 레이디」에 등장하는 히긴스 교수는 오드리 헵번이 연기한 빈민가 출신의 꽃 파는 소녀를 교양 있는 숙녀로 바꿔놓겠다며 개인 교습을 하는데, 이처럼 다른 사람을 내 생각대로 바꾸고 싶어 하는 사람도 있을 수 있다.

예를 들어 당신이 동아리 후배나 회사의 아랫사람들을 교육하는 입장이라고 해보자. 어떤 일을 계기로 근거가 어떻든 '우수하다'는 인상을 받은 후배를 다른 후배보다 시간을 들여 열심히 가르치고, 그 결과 후배는 실적이 쑥쑥 올라갈지도 모른다.

그러나 그것이 반대로, 상대적으로 지도를 소홀히 한 '다른 대부분의 후배들'을 낳는다면, 그런 편견이 당신의 평판을 깎아내리고 결국 집단 내 불화를 일으킬 것이다.

'4장 카드 문제'를 통해 편견에 빠지는 메커니즘을
생각한다.

18

확증 바이어스

Confirmation Bias

의미	자기 생각이나 가설에 적합한 정보만 모으고 가설에 반하는 정보는 무시하는 경향.
관련	똑똑한 말 한스 효과(→160쪽)

4장 카드 문제, 도전!

오른쪽 페이지 〈그림1〉 문제는 사람의 이론적 추론의 특징을 명확히 하기 위해 만들어진 것 중 하나이다(Wason, 1966).

이 문제를 사용한 많은 실험이 있었는데, 대학생을 대상으로 한 연구에서도 정답률이 10% 정도에 그치며, 대부분의 회답자가 '앞장이 모음인 카드만' 또는 '모음인 카드 및 짝수인 카드'를 선택한다는 것이 밝혀져 있다. 'A'와 '4'을 선택한 사람이 많겠지만, 유감스럽게도 그것은 틀렸으며 'A'와 '7'을 뒤집는 것이 정답이다.

왜냐하면 '한쪽 면이 모음이면, 다른 한쪽 면은 짝수'라는 가설이 기각되는 것은 '한쪽 면이 모음인 동시에, 다른 면이 홀수'라는 카드가 존재하는 경우뿐이기 때문이다.

<그림1> 4장 카드 문제

여기서 사용되고 있는 카드는 모두 한쪽 면에는 알파벳이, 다른 한쪽 면에는 숫자가 쓰여 있다. 이들 카드를 몇 장 뒤집어서 '한쪽 면이 모음이면, 다른 쪽 면은 짝수다'라는 가설이 맞는지 확인하고 싶다. 뒤집어야 하는 최소한의 카드만 선택해서 대답하자.

바꿔 말하면, 짝수인 카드의 뒷면이 어떤 카드이든 가설에 반하지 않는다(가설은 짝수인 카드의 뒷면을 모음으로 한정하고 있지 않다). 즉, 4를 뒤집을 필요는 없다. 우리가 확인해야 하는 것은 '한쪽 면이 모음'인 카드의 뒷면(홀수라면 가설이 기각), 및 '한쪽 면이 홀수'인 카드의 뒷장(모음이라면 가설이 기각)이다. 따라서 A와 7을 뒤집을 필요가 있다.

이 문제를 풀지 못했다고 해서 너무 실망하지는 말자. 이 문제는 많은 사람이 못 푼 것으로 유명하기 때문이다.

이 4장 카드 문제의 '난해함'을 힌트로 인간의 사고 특징을 좀 더 깊이 들여다보자.

난해함의 요인 ① 확증 바이어스

SNS에는 근거 없는 수많은 정보가 난무한다. 예를 들어 '○월 ○일에 대지진이 일어난다' 같은 비과학적인 예측을 믿어버리면, 그것에 합치하는 것 같은 정보만(어디에 나타난 구름의 형태가 어떻다든지, 요즘 이웃집 개가 짖는 횟수가 늘었다든지) 조사해서 읽게 되어 유언비어를 더욱 믿게 된다.

이처럼, 우리는 자기 생각이나 가설이 '옳다는 것'을 확인하기 위해 가설에 합치하는 정보만 모으는 경향이 있다. 뒤집어 말하면, 가설에 반하는 정보를 모으려 하지 않거나 무시해버린다. 이런 경향이 '확증 바이어스'다.

4장 카드 문제에도 똑같은 바이어스가 작동하고 있다. 즉, '한쪽 면이 모음이라면 다른 쪽 면은 짝수다'라는 룰에서, 짝수 카드인 '4'의 뒷면은 모음이든 자음이든 상관없다. 그럼에도 사람은 카드 '4'를 선택해버리는 것이다.

난해함의 요인 ② 주제 내용 효과

한편으로, 이 문제가 어려운 것은 확증 바이어스 때문만은 아니라는 것도 제시되어 있다.

〈그림2〉의 '우체국 직원 문제'에도 도전해보자.

이 문제는 4장 카드 문제와 같은 구조이므로 ①과 ③을 체크해야 한다는 것은 금방 알 수 있다. '편지 봉투가 봉해져 있으면 60원 우표가 붙어 있다'는 가설은 '봉투가 봉해져 있고, 또한 60원 우표가 붙어 있지 않은 편지'가 존재한다면 기각된다. 즉 봉투가 봉해져 있지 않은 편지와 60원 우표가 붙어 있는 편지는 검사 대상에서 제외된다.

이것과 완전히 똑같은 문제인데 4장 카드 문제가 훨씬 더 어렵게 느껴지고, 실제로 정답률도 더 낮다. 이처럼, 문제의 구조는 똑같더라도 구체적이고 현실적인 내용으로 바꿔서 문제를 내면 정답률이 크게 달라지는 것을 '주제 내용 효과'라고 한다. 우리가 4장 카드 문제를 어렵다고 느끼는 이유는 일상적으로 체험하는 상황이 아니기 때문이다.

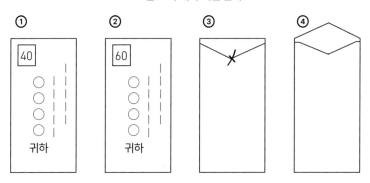

<그림2> 우체국 직원 문제

당신은 우체국 직원이다. 우체국에는 많은 편지가 쌓여 있는데, 편지가 봉해져 있다면 60원 우표가 붙어 있어야 한다. 지금 당신 앞에 봉투가 4개 있다면 최소한 어떤 봉투를 뒤집어보면 좋을까?

참고 : 안자이 유이치로安西祐一郎, 『문제해결의 심리학』, 1985.

확증 바이어스에서 벗어나는 방법

확증 바이어스는 우리 일상의 곳곳에서 일어난다.

예를 들어 어떤 사람에 대해 한번 '차가운 사람'이라는 인상을 품으면, 거기에 들어맞을 만한 정보(축제 준비를 도와주지 않는다, 메일에 답을 하지 않는다)만을 찾아내며, 그 가설을 뒤엎을 만한 정보(공부를 잘 가르쳐준다, 고민을 이야기하면 언제나 잘 들어준다)는 무시되어버린다.

이처럼, 언제나 자기 생각만 고집하지 않기 위해서라도 때로는 의식적으로 다른 '카드'도 들춰보기 바란다.

유성을 보고 소원을 빌든, 두 손을 모아 기도하든,
결과는 달라지지 않는 걸까?

<table>
<tr><td>인지과학 관련
바이어스</td></tr>
<tr><td>19</td></tr>
</table>

미신행동
Superstitious Behavior

의미	우연히 일어난 서로 다른 두 가지 사건을 인과관계가 있는 것처럼 취급하는 것.
관련	도박사의 오류(→ 42쪽) 허위 상관(→ 172쪽)

겉으로 드러난 인과관계의 비밀

유성에게 소원을 빌어서 한 번이라도 이루어졌던 적이 있는 사람은 그 뒤로 유성을 볼 때마다 소원을 빌고 싶어질 것이다.

유성뿐만 아니라 우리는 다양한 사건들 사이의 인과관계를 매일 인식하고 있다. 빨간 양말을 신고 동아리에서 악기를 연주했더니 연주가 잘 되더라, 더운 날이면 언제나 스마트폰 배터리가 빨리 닳는 느낌이 든다, 컴퓨터 대기 화면을 이러이러하게 설정했더니 시험에 합격했다, 등이다.

이런 미신행동은 사람에게만 한정되지 않는다. 심리학자 스키너가 했던 실험을 하나 소개한다(Skinner, 1948).

실험에서는 매일 몇 분 동안, 공복 상태의 비둘기를 실험용 새장에 넣었다. 새장에 달린 모이통은 일정한 시간 간격으로 약간의 모이를 주도록 설정되어 있었다. 신기하게도 얼마 후부터 각각의 비둘기는 독특한 행동을 보였다. 어떤 비둘기는 새장 안에서 시계 반대 방향으로 도는 행동을 보였고, 어떤 비둘기는 새장 위쪽의 모서리에 머리를 부딪치는 행동을 반복했다. 다른 비둘기 두 마리는 머리와 몸통을 시계추처럼 좌우로 흔드는 행동을 하게 되었다. 뭔가를 들어올리는 듯한 행동을 반복하는 비둘기도 있었다.

미신행동의 메커니즘

중요한 것은, 일정한 간격으로 모이를 주기 전에는 비둘기들이 이런 기묘한 행동을 하지 않았다는 점이다.

아마도 새장 안에 넣어진 비둘기는, 처음에는 여기저기 콕콕 쪼거나 몸을 흔드는 등, 다양한 행동을 하고 있었을 것이다. 그러다가 그 비둘기가 우연히 몸을 시계 반대 방향으로 돌리고 있는데, 그 순간 모이통에서 모이가 나왔다고 하자. 그 비둘기는 모이를 먹고나면 다시 원래대로 다양한 행동을 취하는데, '몸을 시계 반대 방향으로 돌리는' 행동이 이전보다 많이 보인다. 그러면 '우연히 몸을 시계 반대 방향으로 돌리고 있을 때 모이가 나올' 가능성이 더욱 높아진다.

이런 과정을 반복한 결과, 배가 고픈 비둘기는 새장 속에서 독특한 행동을 확립하고 있었던 것이다.

이처럼 동물이든 사람이든 어떤 행동에 보상이 있으면 그 후로 그 행동이 많이 관찰된다. 이런 행동 변화의 메커니즘 때문에 사람의 미신행동이 형성되는 것이다.

미신행동은 결과에 대한 원인이 되지는 않는다

원인 ✕ → 결과

미신행동은 자주 일어난다

사람은 누구나 어느 정도는 미신행동을 하고 있다.

예를 들어 필자가 쓰는 무선 마우스는 PC를 켠 후 몇 초 동안은 반응하지 않는데, 몇 번 클릭을 해주면 사용할 수 있게 된다.

실제로 마우스를 클릭하는 것이 중요한 것이 아니라 단순히 시간이 좀 지나야 작동하는 것일지도 모른다는 느낌도 들지만, 적어도 클릭을 하면 멀쩡하게 사용할 수 있으므로, 매일 똑같은 '의식'을 되풀이하고 있다.

그런데, 유난히 미신행동을 일으키기 쉬운 집단이 있다고 한다. 그것은 운동선수, 도박사, 수험생이다.

운동선수나 도박사는 점을 자주 친다고 하며, 수능처럼 중요한 시험을 앞둔 학생이 자기만의 특정한 징크스에 의존하는 것은 아주 흔한 행동이다.

'미신' 취급 설명서

이처럼 한번 만들어진 행동 패턴을 없애기 위한 한 가지 방법으로 '소거'를 들 수 있다. 앞에서 말한 유성을 예로 들면, 유성에 소원을 빌었지만 이루어지지 않는 경험을 반복함으로써 '별에게 소원을 빈다' → '소원이 이루어진다'라는 연결고리를 없애는 것이다.

단, 미신행동에서는 이렇게 하기가 아주 힘들다. 유성처럼 흔치 않은 사건을 대상으로 하고 있다면 소거를 시도할 기회조차 흔하지 않다. 또한 소거 절차를 제대로 반복했더라도 '내가 소원을 빌었던 방법이 잘못되었다'는 식으로 소원이 이루어지지 않은 것을 변명하기도 한다.

이런 미신행동을 통해 마음이 편해지거나 사건에 대해 긍정적이 된다면 소거를 하지 못해도 별 문제는 없을 것이다. 운동선수가 많이 수행하는 루틴 등이 이것에 해당할지도 모른다.

하지만 근거 없는 인과관계에 매달려 반드시 해야 하는 노력을 포기해버리거나 냉정한 판단을 하지 못하게 될 수도 있다. 예를 들면 두 가지 A와 B라는 각각의 사건 사이에 (겉으로 드러난) 인과관계를 찾아내버리면, 이번에는 'A를 하면 반드시 B라는 결과가 된다'라는 식으로, 자기가 결과를 컨트롤할 수 있다고 착각하기도 한다.

원래는 자기가 제어할 수 없을 사건에 대해 '내 행동이 결과에 영향을 주고 있다'고 생각하는 것을 '컨트롤 환상'이라고 한다.

예를 들어 인형뽑기를 하는데 원하는 인형을 뽑기 전에 나만의 특별한 행위를 하는 등, 필요 이상으로 깊이 빠져들지 않도록 주의해야 한다. '지금, 행운이 오고 있다'라는 식의 허무맹랑한 말을 늘어놓는 사람도 멀리해야 한다. 랜덤한 사건은 과거의 사건에서 영향을 받지 않기 때문이다.

아이스크림 매출이 올라가면 수영장 인명 사고도
증가하는 이유는?

허위 상관
Spurious Correlation

의미	직접 관련이 없는 두 가지 사건을, 각 사건과 관련된 제3의 요인의 존재를 깨닫지 못하고 인과관계가 있는 것처럼 보는 것.
관련	도박사의 오류(→ 42쪽) 미신행동(→ 168쪽)

아이스크림과 익사 사고

'아이스크림 매출이 올라가면 수영장 인명 사고도 증가한다'라는 데이터가 있다고 하자. 이것을 어떻게 해석해야 할까? 아이스크림을 먹으면 물에 빠지기 쉬워지는 것일까? 물에 빠졌다가 구조된 사람은 아이스크림을 먹고 싶어 하는 것일까?

이것은 두 가지 사건(① 아이스크림 매출 증가, ② 수영장 인명 사고 건수 증가) 사이에 인과관계가 있는 것처럼 해석한 예이다. 그러나 ①과 ②가 동시에 일어난다고 해서 반드시 인과관계가 있는 것은 아니다.

잠복변수를 찾아내자

위의 예는 눈에 보이는 두 가지 사건 이외에 눈을 돌려야 한다. ①

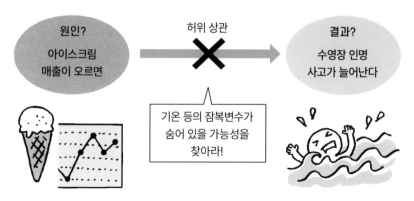

원인?
아이스크림
매출이 오르면

허위 상관

기온 등의 잠복변수가
숨어 있을 가능성을
찾아라!

결과?
수영장 인명
사고가 늘어난다

과 ② 각각에 영향을 미치고 있는 숨은 요인으로 '기온'을 들 수 있다. 날이 더워지면 아이스크림이 잘 팔린다. 날이 더워지면 수영장에 가는 사람이 늘어난다(그 결과, 수영장 인명 사고 건수도 평소보다 증가한다).

알고 보면 단순한 이야기지만 아이스크림 매출과 물놀이 인명 사고 건수에만 주목하면 두 가지 사이에 직접적인 관계성(상관)이 있는 것처럼 보인다. 이것을 '허위 상관'이라고 한다.

따라서 두 가지 사건 사이의 관련성을 생각할 때는 언제나 '기온' 같은 세 번째 변수가 없는지 유의해야 한다. 이런 변수를 '잠복변수(또는 제3의 변수, 교란변수)'라고 한다.

잠복변수를 깨닫지 못하면 어떻게 될까?

아이스크림의 예라면 '아이스크림 판매를 금지하자!' 따위의 어처구니없는 의견을 내놓는 경우는 적을 것이다. 그러나 그중에는 잠복변수를 간과하여 잘못된 해석을 이끌어내는 경우도 있다.

실제로는 관련이 없는데 인과관계가 있는 것처럼 보이는 사건을 몇 가지 예로 들어보자. 아래 예에서 잠복변수는 무엇인지 생각해보자.

① 할인은 구매욕구의 향상으로 이어질까. 새로운 기능이 세계적으로
주목받고 있는 가전제품 발매를 기념하여 가게에서 전 제품 10% 할
인 행사를 열었다. 그러자 그 가전제품 이외에도 다양한 상품이 평소
보다 많이 팔려서 할인한 이상으로 수익이 올랐다.

② 우유를 마시면 암에 걸릴까. 우유를 많이 소비하는 미국의 여러 주나
스위스 같은 나라는 우유 소비가 적은 지역이나 나라에 비해 암 환자
가 몇 배나 많다.

③ 이(louse;머릿니, 몸이 등)는 건강에 좋을까. 남태평양의 어떤 섬에
서 관찰한 바에 따르면, 건강한 사람에게는 보통 이가 있었지만 아
픈 사람에게서는 이가 거의 없었다.

②와 ③은 실제 예로서 책에 실려 있는 것이다(Huff, 1954). ② 등은, 이
런 잘못된 해석이 의학 관련 기사로 실렸다고 한다. 각각의 예에 숨어
있는 잠복변수는 다음과 같다.

①의 잠복변수 : '시기'. 기업이 주력으로 삼고 있는 가전제품 등은 잘 팔
리는 시기(예를 들어 크리스마스 전 등)를 노려서 발매되기도 한
다. 전체적으로 구매 욕구가 높아져 있는 시기였을 수도 있다.
②의 잠복변수 : '수명'. 여기서 제시하고 있는 미국이나 스위스는 평균
수명이 긴 나라다. 암은 중년 이후에 걸리기 쉬운 질병이다.

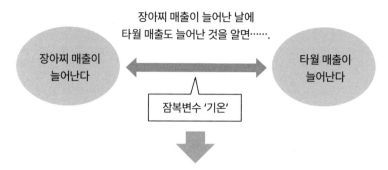

잠복변수를 알면 업무에도 활용할 수 있다!?

장아찌 매출이 늘어난 날에
타월 매출도 늘어난 것을 알면…….

장아찌 매출이
늘어난다

타월 매출이
늘어난다

잠복변수 '기온'

일기예보 데이터에서 기온이 높아진다고 예상되는 날에
재고를 확보하거나 눈에 잘 띄는 곳에 놓아두면 매출을 더욱 높일 수 있다.

❸의 잠복변수 : '체온'. 그 섬에 사는 주민들은 대부분 몸에 이를 갖고 있었다. 병에 걸려 체온이 높아진 사람의 몸은 이의 입장에서 보면 서식 환경이 나빠진 것이며, 그러므로 이가 떠나간다.

숫자와 잘 사귀는 법

우리는 숫자에 휘둘리거나 속아 넘어가는 일이 많다.

매스컴이나 책, 광고에는 '통계에 따르면……'이라는 문구가 가끔 눈에 띄는데, 우리는 그것이 어떤 데이터에 토대하고 있으며 어떻게 해석된 것인지에 주의를 기울여야 한다. 앞에서 살펴본 대로, 동일한 데이터에서 전혀 다른 해석을 끌어낼 수 있기 때문이다.

제 3 부

인지 바이어스의
사회심리학적 접근

살을 빼겠다고 굳게 다짐하지만 먹는 것을 줄이지 못하는 것은
단순히 의지가 약해서일까?
그러면 안 된다는 것을 알면서도 규칙이나 약속을 어기는 것은
내가 반사회적인 성격을 갖고 있기 때문일까?
왕따나 차별, 전쟁이 사라지지 않는 이유는 무엇일까?
제3부에서는 인간 특유의 불합리한 행동과 그것이 얽혀서
굴러가는 사회를 과학적인 관점에서 설명한다.

자주 마주치는 그 사람이 너무나 궁금해지는
이유는 무엇일까?

01

단순 접촉 효과

Mere Exposure Effect

의미	특별한 반응을 일으키지 않는 사건(자극)에 반복적으로 접촉하면 서서히 그 자극에 대해 호의적인 감정을 갖게 되는 현상.

관련	서브리미널 효과(→112쪽) 혼들다리 효과(→116쪽)

주제곡 효과

어린 시절을 떠올려보자.

많은 사람들이 초등학교에서 돌아와 저녁을 먹기 전에 텔레비전에서 애니메이션을 보았던 추억을 갖고 있을 것이다. 그 프로그램의 방송 기간에 주제곡이 달라지는 경우가 종종 있는데, 바뀐 곡을 처음 들었을 때 '이전 곡이 더 좋았는데……' 하고 느낀 적은 없었는가?

그러나 방송이 회를 거듭할수록 새로운 주제곡도 좋아지게 되는데, 이것은 단순 접촉 효과 때문이다.

만나면 만날수록 좋아진다?

단순 접촉 효과란 처음 접했을 때는 좋지도 싫지도 않았던 자극을 반복적으로 접하면 호의가 조금씩 커져가는 현상이다(Zajonc, 1968). 이것은 음악뿐만 아니라 글자나 사물, 사람 등 다양한 자극에 대해 생긴다.

그렇다면 반복해서 접촉하기만 해도 호의를 갖게 되는 이유는 무엇일까?

그것은 오귀인誤歸因이라는 현상으로 설명할 수 있다. 오귀인이란 '사건의 원인을 원래의 것이 아닌 다른 것 때문이라고 오인하는 것'이다.

사람이 새로운 것을 접할 때는 그것에 대해 몰랐던 정보를 이것저것 긁어모으므로 인지적으로 큰 부담을 받는다. 예를 들어 어떤 사람을 처음 만나면 이름, 외모적 특징, 직업, 직위, 살고 있는 동네 등 많은 것을 한꺼번에 기억해야 한다. 그러나 두 번째 만나면 얼굴과 이름을 기억하고 있으므로 그만큼 기억해야 할 것이 줄어든다. 세 번째 만났을 때 직업이나 직위까지 기억하고 있다면 부담은 더욱 줄어든다.

이처럼 상대방에 대해 쉽게 지각할 수 있다는 인지적 처리의 편리함을 상대방에 대한 호의로 착각해버리는 것이 오귀인이며, 단순 접촉 효과가 생기는 원인 가운데 하나로 보고 있다.

단순 접촉 효과가 생기는 범위

사람에게 호의를 느끼게 하는 것(대인매력)에 있어서 단순 접촉 효과를 검토한 실험이 있다(Moreland and Beach, 1992).

신체적 매력이 비슷한 여성 4명에게 미리 협조를 구하고 어떤 강의에 수강생으로 출석하게 했다. 그때, 여성 4명 각각의 출석 횟수를 1회부터 15회까지 다르게 설정했으며, 학기말에 4명의 사진을 수강생들(남성 24명, 여성 20명, 합계 44명)에게 보여주고 각자의 매력을 평가하게 하자, 출석 횟수가 많은 여성일수록 매력적이라고 평가받았다.

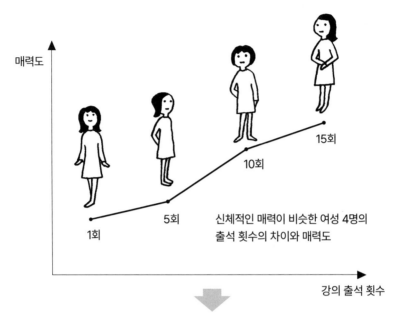

만나면 만날수록 매력적이 된다?

매력도

15회

10회

5회 신체적인 매력이 비슷한 여성 4명의
출석 횟수의 차이와 매력도

1회

강의 출석 횟수

접촉 횟수가 많은 여성일수록 매력도가 높아진다.

이 실험에 의해 단순 접촉 효과는 이야기를 해본 적이 있는 지인뿐
만 아니라, 대화를 나누는 등의 직접 관련이 없는 사람이 상대방이라
해도 생긴다는 것이 명백해졌다.

이것은 음악이나 글자 등의 자극에 대해서도 마찬가지이며, 사람이
적극적으로 접촉한 것뿐만 아니라, 의식하지 않고 접촉하고 있던 것에
도 생긴다.

단순 접촉 효과를 실생활에서 활용

단순 접촉 효과는 세일즈에서 많이 이용된다. 세일즈맨들은 정해진
용건이 없어도 거래처에 얼굴을 내밀고 우편함에 명함을 넣어두는데,

이런 행동의 목적은 단순 접촉 효과에 의해 자기의 호감도를 높이려는 것이다.

편의점이나 마트 등에서 자사의 주제곡을 반복해서 내보내는 것도, 선거 때 후보자 이름을 계속 외쳐대는 것도, 단순 접촉 효과에 의한 호감도를 높이려고 하는 것이다.

이상에서 단순하게 생각하면, 자신에게 호감을 보여주었으면 할 때는 상대방과 자주 접촉하는 것이 정답이 된다.

단, 이 방법에는 한 가지 주의할 점이 있다. 앞에서 단순 접촉 효과는 '처음 접했을 때는 좋지도 싫지도 않았던 자극을 반복적으로 접함으로써 생긴다'고 했다.

또한 첫인상이 좋을 때는 아무 느낌이 없었던 상대보다는 완만하게 단순 접촉 효과가 생기며, 첫인상이 나쁘면 접촉 횟수나 빈도를 늘리는 것이 오히려 역효과라는 것도 명백하게 밝혀졌다(Perlman and Oskamp, 1971).

즉, 누군가와 자주 접촉함으로써 호감을 사고 싶다면 적어도 그 사람에게 미움받고 있지는 않다는 전제가 중요하다는 말이다.

어떤 사람의 모든 것이 멋있어 보이는 원인은
호의일까, 바이어스일까?

02

공감 간극 효과

Empathy Gap

의미	어떤 대상에게 분노나 호감 등 어떤 감정을 갖고 있으면, 그 감정을 갖지 않은 시점에서 생각하기 어려워지는 것.
관련	

사랑은 맹목적이다?

누군가에게 호감을 가졌더니 그 사람의 모든 것이 매력적으로 보였던 경험이 있는가? 멋있어 보이던 남성이, 실은 춤을 잘 추지 못해 다른 사람들보다 한 박자 늦게 움직이는 것조차 그의 매력 중 하나로 생각해버리는 것 등등.

이 예는 실제로 있었던 이야기다. 몇 년 전에 텔레비전 드라마 엔딩에서 출연자들이 '떼춤'을 추는 영상이 방송되었는데, 한 배우만 한 박자 늦게 춤을 추었는데, 그것이 오히려 그의 호감도를 높여서 화제가 되었다.

여성보다 남성이 상대방의 외모를 중시한다는 연구 결과도 있으므로, 남성에게 이런 사태가 더 잘 일어날지도 모르겠다. 그냥 친구 사이일 때는 아무 생각이 없었는데, 좋아한다는 것을 알게 되면 뭐든지 멋있어 보이는 경우는 드물지 않다. 그것은 '사랑은 맹목적'이라는 속담으로도 설명할 수 있다.

즉, 사람은 어떤 감정을 품으면 그런 감정을 품지 않은 입장에서 사건을 생각하기 힘들어지는 것이다. 이것을 '간극 효과'라고 한다.

다이어트에 성공하기는 너무 힘들어!

간극 효과는 Cold-Hot Empathy Gap이라는 명칭으로 주장되었다 (Sayette, et al., 2008). Cold란 어떤 상황의 대상자가 처해 있지 않은 냉정한 상태를, Hot이란 반대로 어떤 상황에 처해 있어서 흥분한 상태이다. Cold 상태인 사람은 Hot 상태를, 그리고 Hot 상태인 사람은 Cold 상태를 상상하기 어려우므로 이런 명칭이 붙었다.

예를 들면 배가 고프지 않을 때(Cold 상태) 다이어트를 결심했다고 해

Cold와 Hot의 차이는?

Cold	Hot
▼	▼
배가 고프지 않을 때	배가 고플 때

Cold일 때는 Hot일 때의 감정을,
Hot일 때는 Cold일 때의 감정을 상상하기 힘들다.

보자. 오늘부터 절대로 간식을 먹지 않겠다고 맹세했지만 배가 고플 때(Hot 상태) 눈앞에 있는 초콜릿이 얼마나 맛있어 보일지, Cold 상태에서는 예상하기 어렵다. 그리고 대개는 참지 못하고 먹어버리며, '다이어트는 내일부터 하지 뭐……', 이렇게 된다.

이런 현상은 나뿐만 아니라 다른 사람에 대해서도 생긴다. 사람은 나와 반대 상태인 사람의 감정이나 니즈를 상상하기 어려우며 공감을 나타내지 않는 경향이 있다.

공감은 경험에 좌우된다

경험이 공감에 어떤 영향을 미치는지에 대한 복수의 실험이 있었다 (Nordgren, et al., 2011).

첫 실험에서는 실험 참가자를 세 그룹으로 나누어, 첫 번째 그룹에게는 왕따당하고 있다는 소외감을, 두 번째 그룹에게는 평등한 대우를 받고 있다는 느낌을 받게 했다. 어떤 조작도 하지 않은 세 번째 그룹의 결과를 기준으로, 감금 사건 피해자에 대한 공감의 강도를 비교했다.

그 결과, 소외의 고통을 맛본 그룹의 실험 참가자는 다른 두 그룹보다도 강하게 감금을 그만둬야 한다고 답했다. 이것은 자신도 소외당함으로써 사회적 고립에 대해 Hot 상태가 되며, 그 때문에 감금 피해자에게 공감이 일어나기 쉬워졌다고 생각할 수 있다.

다음으로, 경험을 한 직후가 아니라, 경험한 것이 과거였다면 똑같은 경우의 사람에 대해 공감이 발생하는지 실험했다. 실험 참가자는 'A : 얼음물에 손을 담근다' 'B : 상온의 물에 손을 담근다' 'C : 얼음물에 손을 담그지만, 그 후 10분간 다른 과제를 한다'라는 세 그룹으로 나뉘었다. 그 후, 실험 참가자에게 시베리아 억류자 이야기를 읽게 하고,

사람은, 현재 경험하고 있는 일이나 감정에 가까울수록 공감하기 쉽다.

억류자들에게 얼마나 공감하는지를 측정했다.

그러자, 얼음물에 손을 담그기만 했던 A그룹만 높은 공감을 나타냈다. C그룹이 공감을 나타내지 않았다는 결과를 통해 과거에 비슷한 경험을 했던 것은 상대방에게 공감하는 이유가 되지 않음을 알게 되었다. 힘든 경험은 '괴로운 때가 지나면 잊어버리는' 것이다. 예를 들면 출산의 고통을 겪어본 여성이라고 해서 현재 임신한 사람의 고충을 반드시 알아주는 건 아니다.

입장이 다른 사람에게 공감하지 못하는 상황은 일상에도 자주 생긴다. 부모와 자식, 남편과 아내, 환자와 의사, 학교폭력 피해자와 교사 등, 입장이나 상황이 다른 경우에는 내가 상대방과 같은 상황이 아니면 이해하기 힘들다. 양자 사이에 격차가 생기는 것은 이 때문이다. 그러므로, 상대방 입장에서 생각하는 훈련으로 역할연기(롤플레잉)를 하는 것은 간극을 좁히는 첫걸음이라고 해도 된다.

당신 눈에 비치는 것은 본인의 매력이 아니라 '부모의
후광'일지 모른다.

03

후광 효과

Halo Effect

의미	어딘가 뛰어난 점(부족한 점)을 발견하면 다른 면도 뛰어나다고(부족하다고) 생각하는 경향이 생기는 현상.

관련	확증 바이어스(→164쪽) 바넘 효과(→190쪽) 스테레오타이프(→194쪽)

아름다운 사람은 내면도 아름답다?

길을 걷다가 아름다운 여성을 스쳐지나갔다. 깔끔한 옷차림에, 다른
한 여성과 부드러운 분위기로 대화를 하고 있다. 당신은 그 여성을 알
지 못하지만 그녀가 어떤 사람인지 상상해달라는 요청을 받는다면 무
엇을 떠올리겠는가?

다정할 것 같다, 유능할 것 같다 등등 '좋은' 것을 생각하지 않았는
가? 반대로, 신경질적일 것 같다거나 성격이 나쁠 것 같다 등등 '나쁜
것'을 떠올린 사람은 별로 없을 것이다.

우리들 인간은 세상사 전부를 올바르게 파악하고 있지 않다. 그래서
모르는 부분에 대해서는 많은 추측을 한다. 추측이란 '어떤 사건에 대
해, 정보나 지식을 토대로 헤아리는 것'이다. 즉 당신은 앞의 여성에 대

해, 그녀의 외모에서 얻은 눈에 띄는 정보를 사용하여 내면을 '추측'한 것이다. 그럴 때, 우리는 자칫하면 '처음에 갖고 있던 정보'를 지지하는 방향으로 사건을 생각하는 경향이 있다. 앞의 예로 말하자면 '아름답다' '깔끔하다' '부드러운 분위기'라는 정보를 토대로 좋은 방향으로 상상을 하는 것이다.

즉, 처음에 상대방에게 좋은 정보를 준 사람은 다른 부분도 멋지다고 추측되기 쉽다고 말할 수 있다.

외모가 아름다워서 다른 부분의 평가가 달라지는 현상에 관해서는, 미인이 쓴 리포트는 그렇지 않은 사람이 쓴 것보다 높이 평가받는다는 실험 결과도 있다(<그림1>, Landy and Sigall, 1974).

뭔가 눈에 띄는 특징이 있으면, 다른 면에서의 평가도 그것에 맞춰서 추측되는 것을 '후광 효과'라고 한다(Thorndike, 1920). 후광이란 '뒤에서 비치는 빛'을 말한다.

<그림1> 외모의 매력이 논문 평가에 미치는 영향

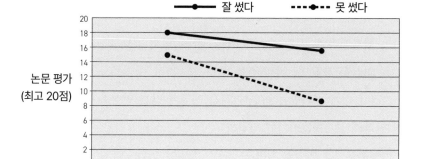

『미인의 정체美人の正体』(오치 게이타越智啓太, 2013)에 실린 그래프를 참조하여 편집부에서 작성.

'부모의 후광'이 생기는 이유

이런 일은 왜 생길까? 여기서 한 가지를 생각해보자.

친구가 당신에게 '완전 족집게 점쟁이가 있대'라고 말했다고 하자. 그러면 당신은 '그래? 얼마나 잘 맞추는데?' 하고 물어보지 않을까?

필자가 하고 싶은 말은, 그럴 때 '얼마나 못 맞추는데?'라고 묻는 사람은 언제나 적다는 것이다. 사람은 '잘 맞춘다'라는 말을 들으면 무의식적으로 '맞춘다'는 사건을 지지하는 증거를 찾는 경향이 있다.

이것을 '확증 바이어스'라고 한다.

외모나 특징 등에서 몇 가지 '긍정적인 면'이 전달된 앞의 여성에 대해서도 확증 바이어스가 작동하여, 멋지다는 것을 뒷받침하므로 부정적인 정보에 눈길이 가지 않게 된다고 생각할 수 있다.

잘난 부모 밑에서 자란 아이를 '금수저'에 비유하는데, 이런 현상도 부모가 훌륭하면 아이도 훌륭할 것이라는 편견 때문에 생겨난 것이다.

좋은 첫인상을 주지 못하면

앞에서 말했듯이, 우리의 사고방식은 자기가 갖고 있는 정보나 지식을 지지하는 방향으로 치우치는 경향이 있다. 그러므로 내가 평가를 하는 입장이라면, 일부러 반증 예를 생각하면서 검토하는 것도 필요하다는 의식을 가짐으로써 편견을 줄일 수 있다.

그러나 내가 평가받는 쪽인데 처음 시점에 나쁜 인상을 주고 말았다면 만회하기는 힘들어지는 것일까?

다행히도, 그 인상을 뒤집는 좋은 방법이 있다. '악해 보이는 사람이 좋은 일을 하면, 좋은 사람이 같은 일을 했을 때보다도 평가가 훨씬 올라간다'는 현상을 이용하는 것이다. 이것은 게인 로스 효과Gain-loss

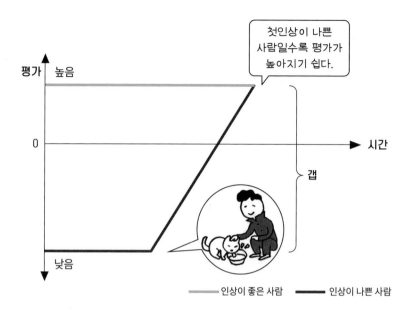

첫인상이 나쁜 사람일수록 평가가 높아지기 쉽다.

평가　높음

0

시간

갭

낮음

━━━ 인상이 좋은 사람　━━━ 인상이 나쁜 사람

의외성을 보여 어필하는 게인 로스 효과

effect라고 불리며(Aronson and Linder, 1965) 사람의 감정은 변화하는 양이 클수록, 보다 강하게 인상에 남는다고 되어 있다.

즉, 인상이 나쁘다는 마이너스 지점부터, 좋은 일을 하고 있다는 플러스 지점까지 상대방의 감정이 크게 변화함으로써 원래 얻을 수 있었던 것보다 두드러진 효과를 얻을 수 있는 것이다.

그러므로 상대에게 나쁜 인상을 주었다고 느꼈다면, 의식적으로 좋은 행동을 늘려감으로써 나의 인상을 부정적인 것에서 긍정적인 것으로 효율적으로 변화시킬 수 있을 것이다.

그 점괘, 어쩌면 당신 말고도 수많은 사람들에게도
똑같이 해당될 걸!?

04

바넘 효과

Barnum Effect

의미	대부분의 사람에게 해당되는 성격에 대한 두루뭉술한 설명이 나에게 해당한다고 받아들이는 현상.

관련	후광 효과(→186쪽) 스테레오타이프(→194쪽)

점은 왜 맞을까?

A는 성격도 너그럽고 다른 사람을 많이 배려하는 사람이다.

어느 날 자기의 성격점을 보았더니 '신경질적이 되기도 하며, 타인의 실수를 금방 알아차린다'라고 쓰여 있었다.

이것을 읽은 당신은 성격점이 '틀렸다'고 생각할 것이다. 그러나 다른 사람이 아니라 내 일로 읽었을 경우에는 이 점괘가 '맞았다'로 느끼는 사람이 많다. 그 메커니즘을 설명하기 전에 점성술을 이용한 성격점에 관한 연구 하나를 소개한다.

심리학자·통계학자이며, 점성술 전문가이기도 한 프랑스의 미셸 고

클랭Michel Gauquelin은 신문에 점성술
을 이용하여 무료 성격진단을 해준다
는 광고를 냈다(Eysenck and Nias, 1982). 그
리고, 그는 응모한 사람 모두에게 완전
히 똑같은 내용의, 어떤 흉악범의 생년
월일에 근거한 점성술의 성격 진단 결
과를 응모자들의 결과라고 보내주었다.
그 후, 진단이 맞았다고 느꼈는지에 대
해 회답을 요청했다. 그러자, 150명 중
94%나 되는 사람이 '맞았다고 느꼈다'
고 회답했다.

이 실험을 통해, 사람은 무엇이든 '이것이 당신의 성격진단 결과입니
다'라는 말을 들으면, 그것이 맞다고 느끼고 받아들여버리는 경향이 있
음을 알 수 있다. 이 실험 결과가 맞다면, A는 어떤 점괘를 들어도 그
것이 맞다고 느낄 가능성이 높다고 생각할 수 있다.

왜 그런 일이 생기는 것일까?

그 대답은 '사람은 다양한 성격적 측면을 갖고 있기 때문'이다.

예를 들면 앞의 A처럼 평소에는 너그러운 사람인데, 취미에 관해서
는 세세한 부분까지 신경질적일 정도로 신경을 쓰듯이, 사람은 상황에
따라 보여주는 얼굴이 달라진다. '타인의 실수는 금방 알아차린다'라
는 것은 부정적인 의미가 아니라, 배려하기를 좋아하고 다른 사람들에
게 도움이 되고 싶다는 생각이 강하기 때문일 수도 있다.

보통은 자기가 대범하다고 생각하고 있더라도 '신경질적이 되기도 한
다'라는 말을 들음으로써, 사람은 자기 안에 있는 신경질적이 되는 순

간을 찾아내버리는 것이다. 어떤 순간에도 신경질적이 되지 않는 사람은 대단히 드물다. 그러면 대부분의 사람에게는 신경질적인 부분을 찾아낼 수 있다. 그 결과, '점괘가 맞다'고 느끼는 것이다.

바넘 효과란?

고클랭의 실험에서 보았듯이, 성격에 관한 모호한 기술을 읽었을 때

바넘 효과 연구에 이용되는 '누구에게나 해당될 만한 문장'

- 당신은 다른 사람에게 사랑받고 칭찬받기를 바란다.
- 당신은 자신에 대해 비판적인 경향이 있다.
- 당신에게는 아직 사용되지 않은 능력이 있다.
- 당신에게는 성격적으로 약점도 있지만, 대부분 그것을 보완할 수 있다.
- 당신은 현재, 성적인 적응에 관한 문제를 갖고 있다.
- 당신은 외면은 자율적이고 자기관리를 잘하고 있는 것처럼 보이지만, 내면적으로는 소심하고 불안정한 경향도 있다.
- 가끔, 당신은 자신의 결단이나 행동이 옳았는지 심각하게 고민하기도 한다.
- 당신은 어느 정도의 변화와 다양성을 좋아하며 그것이 금지되거나 제한당하면 불만을 갖는다.
- 당신은 자신의 머리로 사건을 생각하며, 증거가 충분하지 않은 타인의 발언을 그대로 받아들이지 않을 자신이 있다.
- 당신은 자신의 일을 타인에게 솔직하게 밝히는 것은 현명하지 않다고 생각한다.
- 당신은 때때로 외향적이고 애교가 많고 사교적이며, 때로는 내향적이고 조심스러우며, 소심해진다.
- 당신이 품고 있는 소망 가운데 몇 가지는 상당히 현실성이 없는 것이다.
- 당신의 생활에서 큰 목표 가운데 하나는 안전이다.

『신기한 현상不思議現象』(기쿠치 사토루菊池聡 등, 1995)에서 인용.

사람은 그것이 나에게 해당한다고 받아들이는 경향이 있다. 심리학자 밀은 이것을 '바넘 효과'라고 명명했다(Meehl, 1956).

바넘은 19세기 미국의 서커스단 단장 이름이다. 바넘은 '누구라도 만족시킬 수 있는 것이 있다'라고 서커스를 홍보했는데, '누구라도 해당되는' 경향과 바넘의 홍보 문구의 공통점 때문에 그의 이름을 따서 '바넘 효과'로 명명되었다고 한다.

말하자면 점이 맞는지 틀리는지는 점괘를 받아들이는 사람의 해석에 의존하고 있는 것이다. 사람은 '당신은 이런 사람입니다'라고 제시된 내용에 들어맞는 부분을, 자기 내부에서 그 증거를 찾아내버리는 것이다.

점술에 슬기롭게 대처하는 법

사람은 자기에게 유리한 것을 모아서 유리하게 해석하는 경향이 있다고 앞에서 이야기했다. 자기 긍정감을 높이는 것이 목적이라면 그것도 유용하지만, 한편으로 지나친 자기 효력감(나는 뭐든지 할 수 있는 인간이라는 감각)을 품을 위험성이 있다. 그 결과, 할 수 있다고 생각해서 시작한 것이 실패로 끝나고 자기 긍정감이 낮아지게 된다.

과학적 근거가 없는 사건 때문에 나의 퍼스낼리티가 나쁜 영향을 받지 않으려면 '지식을 갖는 것'이 가장 중요하다. 즉, 바넘 효과라는 것이 있으며, 사람은 쉽게 바넘 효과의 영향을 받는다는 것을 기억해두면 자기 긍정감이 지나치게 낮아지는 것을 막을 수 있다.

덧붙여서, 놓친 사건은 없는지 확인하는 습관을 들이는 것, '만약 점괘가 반대였다면 맞았다고 생각할까?' 하고 반증 예를 생각해보는 것도 사건을 정확하게 파악하는 데 도움이 된다.

압도적 소수파인 AB형들의 불운에서 생각하는
편견과 무의식적인 차별.

05

스테레오타이프

Stereotype

의미	성별, 출신지, 직업 등 특정 집단이나 카테고리에 대해, 개인차를 무시하고 하나의 특징으로 묶어서 파악하는 것.

관련	후광 효과(→186쪽)　　바넘 효과(→190쪽)

혈액형 성격 분류에 대해

혈액형 성격 분류란 ABO식 혈액형에 의해 사람의 성격이나 행동을 다른 특징으로 나누는 방식이다.

흔히, 혈액형별 성격에 대해 다음과 같은 특징을 말한다. A형은 꼼꼼하고 성실하다, B형은 밝고 제멋대로이고, O형은 느긋하고 대범하며, AB형은 이중성 있는 괴짜라고 말이다. '저 사람은 ×형이니까'라는 식으로 말하는 경우도 많은데, 과연 이 분류는 올바른 것일까?

심리학에 스테레오타이프라는 말이 있다. 이것은 성별, 출신지, 직업 등 '복수의 그룹으로 나뉘는' 것에 대해, 그룹에 속한 개인별 특징의 차이를 무시하고 구성원을 하나로 묶어서 특징짓는 것을 가리킨다. 좋지 않은 특징을 그룹과 연관 지을 때 문제가 생기기 쉬우며, 편견이나

커플이 생일 축하를 하고 있는 영상을 실험 참가자들에게 보였더니, 여성의 직업이 '사서'라는 말을 들은 그룹과 '웨이트리스'라는 말을 들은 그룹 사이에, 그 직업의 이미지에 들어맞는(스테레오타이프와 일치한) 정보가 잘 기억되는 결과가 나왔다.

차별을 부르는 원인이 된다.

스테레오타이프가 우리의 인지에 초래하는 것

스테레오타이프가 사람에게 미치는 영향을 검토하기 위해 보고된 유명한 실험을 소개한다. 어떤 여성의 직업을, 실험 참가자의 절반에게는 '사서', 다른 절반에게는 '웨이트리스'라고 알려주고 집에서 남편과 식사를 하고 있는 영상을 보여주었다.

이 영상에서는 '여성이 안경을 쓰고 있다' '책꽂이에 책이 많이 꽂혀 있다' 등, 사서라는 말에서 연상되는 '성실함' '책을 좋아함' 등의 이미지에 의한 스테레오타이프적인 특징과 '햄버거를 먹는다' '팝송을 듣고 있었다' 등, 웨이트리스라는 말에서 연상되는 '밝음' '활발함' 등의 이미지에 의한 스테레오타이프적인 특징이 9개씩 포함되어 있었다. 영상을 본 후, 그 내용에 관한 기억 테스트를 했더니, 모든 그룹이 처음에 전달된 직업에 관련된 특징을 많이 대답했다(Cohen, 1981).

즉, 사전에 얻은 정보에 의해 우리가 주의를 기울이는 대상이 달라지는 것이다. 그 결과 기억에 치우침이 발생하고, 치우친 기억에 의해 스테레오타이프적인 이미지가 강화되어버리는 것이다.

혈액형 성격 분류와 스테레오타이프

또 다른 연구에서는, 그룹 구성원의 차이를 한 사람씩 자세히 파악하는 것보다 공통 부분을 먼저 파악한 다음 개개의 차이를 아는 것이 효율적이라는 것도 밝혀졌다.

그러나 그룹에 속한 사람들을 묶어서 특징짓는 데는 큰 문제가 있다. 일본적십자사에 따르면, 일본에서 각 혈액형별 사람 수의 비율은 A : O : B : AB=4 : 3 : 2 : 1이다. 10명이 있다면 4명이 A형, 3명이 O형, 2명이 B형, AB형이 1명인 셈이다.

압도적 소수파인 AB형의 특징이 '괴짜'였음을 떠올려보자. 다수파인 사람이 보기에 '우리와 다르다'='괴짜'인 셈이다. 혈액형 성격 분류로 제시되는 스테레오타이프적인 특징의 하나에는 이런 이면이 있다.

참고로, 혈액형에 따라 성격이 정해진다는 주장은 과학적 근거가 빈약하며, 부정되고 있다는 것도 반드시 알아두기 바란다(우에무라上村·사토サトウ, 2006).

스테레오타이프와 차별·편견

또 한 가지, '수가 적은 것은 눈에 띄며, 눈에 띄는 것들끼리는 관련 지어지기 쉽다'는 사실도 기억하자(Hamilton and Gifford, 1976).

2010년 미합중국의 국세國勢조사에 따르면, 백인과 흑인의 비율은 72.4% : 12.6%이며 흑인이 적다. 또한, 2018년 인구 10만 명당 범죄 발생률은 4.96%로, 당연히 죄를 지은 사람이 적다.

회답	A형	O형	B형	AB형	합계
꼼꼼함	111	0	0	0	111
신경질적임	77	1	1	3	80
성실함	54	0	0	3	57
느긋함	0	90	1	0	91
대범함	0	25	4	0	29
까다롭지 않음	0	16	1	0	17
밝음	4	16	38	1	59
멋대로임	0	8	33	1	42
개성적	0	2	23	6	31
무책임함	0	0	17	0	17
버릇없음	0	2	12	1	15
자기중심적임	1	3	11	0	15
낙천적임	0	8	10	0	18
재미있음	0	2	10	1	13
이중인격	0	1	0	77	78
이면성이 있음	0	2	18	64	84
괴짜	0	0	1	13	14
잘 모르겠음	0	0	0	12	12

조사 협력자(N=197)의 회답에서 빈도가 높았던 것(10 이상)을 제외하고 정리한 것이다. 인용 : 사토 다쓰야, 『혈액형 희롱』, 1994.

그런데, 소수의 눈에 띄는 사람들이 관련지어져 과대평가된 결과, 보도되기 쉬워지고 그것을 본 사람들에게 '흑인은 범죄를 저지른다'라는 스테레오타이프가 생겨버리는 것이다.

이런 현상은 많은 차별이나 편견과 연관되어 있다. 올바른 지식을 갖는 것이란, 이런 것들을 줄이는 것이라고 해도 좋을 것이다.

또한, 정확하게 검증하려면 범죄 발생률에서 흑인이 차지하는 비율을 구해서 백인의 것과 비교해야 한다. 그것을 토대로 말해야만 바이어스가 아니라 근거 있는 지적이 된다.

사회심리학 관련 바이어스	선행은 악행을 상쇄하는 면죄부가 될 수 있을까?

06

도덕적 허용 효과

Moral Credential Effect

의미	사회적으로 의미 있는 활동을 하고 있는 사람이, 그 가치 때문에 약간 비윤리적인 행동을 해도 세상이 용서해주리라 생각하는 것.
관련	확증 바이어스(→164쪽) 바넘 효과(→190쪽) 스테레오타이프(→194쪽)

그렇게 훌륭한 사람이 왜?

큰 사건이 일어났을 때, 용의자를 잘 아는 인물이 인터뷰를 하는 경우가 있다. 그중에 '설마 그렇게 훌륭한 사람이?' 또는 '봉사 활동을 많이 하던 사람이었는데!' 하는 식으로 말하는 것을 들은 적이 있을 것이다.

봉사 활동을 열심히 하거나 사회에 공헌하고 있는 기업의 임원이었거나, 사회에 도움이 되는 활동으로 유명했던 사람이 범죄를 저지르거나 비윤리적인 행동을 하는 경우는 드물지 않다. 그 요인의 하나로, '당사자의 착각'에서 생기는 바이어스를 들 수 있다.

이 바이어스에서는 마치 면죄부를 갖고 있는 것처럼 착각해버린다. 즉, 자신이 훌륭하다는 것, 사회에 기여하고 있음을 인식하고 있으므

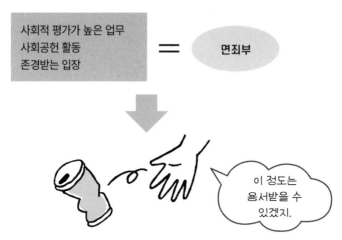

도덕적 허용 효과 개념도

사회적 평가가 높은 업무
사회공헌 활동
존경받는 입장

＝

면죄부

이 정도는
용서받을 수
있겠지.

훌륭한 활동이 면죄부가 되어 때로 사회의 규범을 어긴다.

로 '난 이만큼 훌륭하니까 비윤리적인 일을 저지르더라도 용서받을 거야' 하고 무의식중에 생각한다. 이것을 '도덕적 허용 효과'라고 한다(Monin and Miller, 2001).

이런 생각은 예로부터 사회 곳곳에서 볼 수 있었다.

예를 들면 예전에는 '성직'으로 인정되는 직업을 가진 사람이라면 도리에 어긋난 행동을 해도 지도의 일환으로 묵인되었고, 권력자들은 많은 부분에서 우대받고 있기도 하다.

'그렇게 훌륭한 사람이 왜?'라는 말이 나오는 사건이 일어난 배경에는 뛰어나다는 이유로 악행이 상쇄된다는 착각이 존재하는 것이다.

사회공헌이 부정의 장벽을 낮춘다?

연구에 따르면, 요즘은 사회적으로 가치가 높은 일을 하는 것이, 그들의 부정행위를 촉진하는 것이 명백해졌다(List and Momeni, 2017). 바꿔말

	기부를 알린 그룹	기부를 알리지 않은 그룹
작업 완수도	낮음	높음

사회에 공헌하고 있다는 의식이 작업 태만으로 이어진다!?

하면, 내가 사회에 이바지하고 있다는 자각이 있으면 업무에서 부정을 저지르기 쉽다는 것이다.

이것을 연구했던 심리학자 리스트List와 그의 팀은 비독일어권 실험 참가자들에게, 흐릿하게 인쇄된 짧은 독일어 문장을 베껴쓰게 했다. 모두 베껴쓴 참가자에게는 약속된 보수를 전액 지불했다. 읽기 힘든 부분은 그냥 넘어가도 되며 그것 때문에 보수가 삭감되지는 않았다.

이 실험에서는 보수의 5%를 유명 자선단체에 기부한다는 것을 미리 알려준 그룹과 알려주지 않은 그룹으로 나누었다. 그런데, 기부 사실을 미리 알려준 그룹은 기부 사실을 몰랐던 그룹에 비해 읽을 수 있었을 문장을 건너뛴 대목이 많았다. 또한, 기부 사실을 미리 알려준 그룹은 보수의 일부를 선불로 받았음에도 불구하고 끝까지 베껴쓰지 않고 제출해버린 비율도 높았다.

참고로, 기부 여부에 상관없이, 참가자들이 받은 보수는 기준 조건을 빼면 같은 액수였다.

생활 속의 도덕적 허용 효과

도덕적 허용 효과는 자기가 훌륭한 일을 하고 있다거나, 자기가 뛰어난 사람이라고 자각하고 있음으로써 생겨난다.

예를 들어 한 집안의 대들보격인 사람이 집안에서는 폭력을 휘두른 다는 것은 남녀 불문하고 많이 듣는 이야기이며, 권력을 갖고 있다는 이유로 자신의 정당성이 인정된다고 착각하여 약한 입장인 사람들에게 편의를 제공받아도 된다고 생각하는 사람도 있다. 남성이 여성보다 뛰어나다고 생각하는 남성이 여성보다 좋은 대우를 받는 것이 당연하다는 듯이 요구하며, 여성은 보호받아야 한다고 생각하는 여성은 남성과 동등한 대우를 받아도 불만을 느끼는 일이 많다.

이런 것들은 자기 안에 존재하는 우월감이 낳은 왜곡이다.

겸손이 최고의 대책이다

이처럼 도덕적 허용 효과는 특별히 선택받은 사람만이 아니라 보통 사람의 일상생활 속에서도 생길 가능성이 있다.

나는 자원봉사를 하여 사회에 이바지하고 있으니 잠깐 불법주차를 해도 된다는 등 자기가 사회적 공헌을 하고 있다는 이유로, 관계없는 부분에서 소소한 부정이 허용된다고 착각하는 것이다.

범죄나 다른 누군가에게 상처를 줄 가능성이 있는 도덕에 반하는 행위가 머릿속을 스쳐 갈 때, '이 정도는 괜찮을 거야'라는 자신의 어리광을 깨닫고, 스스로 컨트롤하는 것이 중요하다.

또한, 그런 행동을 보고 가까운 사람이 한마디 충고를 했을 때, 고맙게 느끼는지 그렇지 않은지에 따라 그 사람의 삶의 태도 역시 크게 달라질 것이다.

다른 사람이 실패한 이유는 본인의 능력 부족 때문?
그렇다면 나의 실패는 무엇 때문?

07

기본적 귀인 오류

Fundamental Attribution Error

의미	다른 사람의 행동 원인을 설명할 때 그 사람의 능력이나 성격 등을 너무 중시하고 상황이나 환경 같은 요인을 경시하는 경향.
관련	내집단 바이어스(→206쪽) 궁극적 귀인 오류(→210쪽)

왜 넘어졌을까?

한 달 전에 넘어져서 골절을 당한 친구가 이번 주에도 똑같은 일을 당했다는 말을 들으면 당신은 어떻게 생각할까?

'바보 같군', '조심 좀 하지' 하는 생각이 들 것이다. 반대로, 그 장소의 바닥이 너무 미끄럽다거나 눈에 잘 띄지 않는 턱이 있었다는 등, 그 사람이 처한 상황이나 환경까지 생각하는 경우는 많지 않다.

우리는, 개인의 행동 원인에 대해 추측할 때 능력이나 성격 등 내적인 영향을 과대평가하고 그것들에 원인을 돌리는 경향이 있다.

반면에 상황이나 환경 같은 외적인 영향은 과소평가하는 경향이 있다(Myers, 1987). 이것을 '기본적 귀인 오류'라고 한다(Ross, 1977).

지시받은 행동과 개인의 의견

기본적 귀인 오류는 외적 요인의 영향이 있다는 것이 분명할 때조차도 발생한다. 미국에서의 실험을 살펴보자.

실험 참가자는 정치학을 전공한 학생이 쓴, 어떤 정치가를 지지 또는 비판하고 있는 문장의 어느 한쪽을 읽으라는 요청을 받았다. 그리고 실험 참가자에게는 이 문장이 학생 개인의 실제 생각을 반영한 것이 아니라, 교사에게 지시받은 대로 쓴 것임이 미리 전달되었다.

그 후, 문장을 읽고 이 학생이 실제로 그 정치가에 대해 어떻게 생각하고 있을지 추측하라고 요청했다.

그 결과, 지지하는 문장을 쓴 학생은 실제로 정치가를 지지하고, 반대하는 문장을 쓴 학생은 실제로 반대한다고 추측되었다(Jones and Harris, 1967).

즉, 교사의 지시라는, 제3자의 개입이 존재한다고 분명하게 설명을 들은 경우에조차, **표명된 의견은 그 사람의 내적 요인에 의한 것이라고 착각되어버리는 것이다.**

배우 자신과 맡은 배역이 혼동되기도 한다

이 배우, 정말 싫어!

예를 들어 배우는 실제 자신과 맡은 배역과 혼동되는 경우가 아주 많다. 온화하고 친절한 사람을 연기한 배우는, 실제로 그런 사람으로 여겨지는 경향이 있다. 좋은 역할을 맡으면 이미지가 좋아지겠지만, 악역을 연기했을 때도 그런 현상은 생긴다. 악역을 멋지게 연기할수록 나쁜 이미지를 갖게 되는 것이다.

마찬가지로, 다른 사람이 병에 걸리면 식습관이 나빴기 때문이라는 등의 내적인 것이 원인이며 환자의 자기책임이라고 생각하기 쉽다. 그러므로, 간병 제도 정비 등에 시간이 걸리기도 한다. 이런 현상은 당사자 이외의 사람이 제도를 검토할 때 일어나기 쉽다.

기본적 귀인 오류가 생기는 이유

기본적 귀인 오류란, 누군가의 행동을 내적 요인으로 돌리는 것인데, 이것을 검토하는 과정에서 '타자'의 행위는 내적 요인에 귀인되기 쉬우며, '나'의 행위는 외적 요인에 귀인되기 쉽다는 것을 알았다. 이것을 '행위자–관찰자 바이어스'라고 한다(Jones and Nisbett, 1972).

낯선 사람을 친구로 착각했을 때, 타인이 그랬다면 '정신을 어디 두고 다니는 거야'라고 생각할 것이다. 그러나 자기가 그렇게 했을 때는 '친구와 너무 닮아서'라고 말하고 싶어질 것이다.

이런 차이가 생기는 요인으로는 이용 가능한 정보와 주의를 기울이는 방식의 차이를 들 수 있다. 대개의 경우 행위자는 관찰자보다 많은 정보를 갖고 있다. 사람을 착각하는 예에서 행위자는 관찰자가 알 수 없는 정보–친구가 그곳에 올 예정이었거나, 똑같은 옷을 갖고 있다는 것–를 알고 있었을지 모른다. 그런 정보량의 차이 때문에 무엇을 원인으로 하는지에 차이가 생긴다고 생각할 수 있다.

사람은 인지적 부담을 줄이기 위해 알기 쉬운 것을 원인으로 해버리는데, 상황에 관한 요인은 주목받기 힘들다는 것도 지적되고 있다.

이런 것들을 통해, 타자에 대해서는 내적 요인이 더 중시되어 기본적 귀인 오류가 생기기 쉬워지는 것이다.

당사자는 외적 요인에서, 타자는 내적 요인에서 책임을 찾아내려 한다.

오귀인誤歸因이 생기는 메커니즘에는 여러 가지 바이어스가 관련되어 있다고 생각할 수 있다. 그러므로, 한 가지 바이어스를 신경 쓴다고 해도 오귀인은 막을 수 없다. 내 생각이 옳다고 자신하는 것을 막기 위해서도, 사람은 무의식중에 오귀인을 하기 쉬운 존재임을 의식하는 것이 중요하다. '나는 편견이 없다'라는 착각이 가장 무서운 것이다.

'내 자식이 제일 예뻐'라고 느끼는 이유는?

08

내집단 바이어스
Ingroup Bias

의미	자신이 속한 집단(내집단)이나 그 집단의 멤버를 높이 평가하거나 호의적으로 느끼는 것.
관련	기본적 귀인 오류(→202쪽) 궁극적 귀인 오류(→210쪽)

우리 애가 최고다?

아이든 반려동물이든, 동일한 카테고리에는 수많은 개체가 있다. 그 중에는 용모가 눈에 띄게 예쁘거나, 애교가 많다거나, 똑똑하다거나, 다양한 좋은 특징을 갖고 있는 존재도 있을 것이다. 내 자식이나 우리 집 반려동물이 가장 뛰어나지 않다는 것을 알고는 있지만 그래도 '우리 애가 최고야!'라고 느낀 적이 있는 사람이 많을 것이다.

회사에서 스트레스를 잔뜩 받은 날, 퇴근해서 집에 오면 '이제 오세요!' 하고 방실방실 웃으면서 달려나오는 우리 아이. '이렇게 예쁜 애는 세상에 다시 없을 거야!' 하고 행복을 실감하는 날도 있을 것이다.

여러분의 행복한 마음에 찬물을 끼얹을 생각은 없지만, 이런 곳에조차 사실은 바이어스가 작용하고 있다.

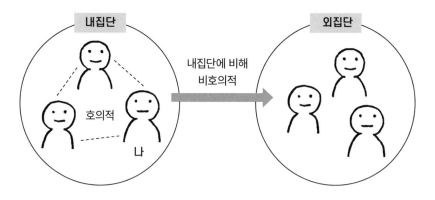

내집단 바이어스 경향을 나타낸 개념도

내집단

호의적

나

내집단에 비해
비호의적

외집단

사람은 내가 속한 집단(내집단)이나 그 집단의 멤버를, 그렇지 않은 집단(외집단)이나 그 멤버보다 호의적으로 평가하고 편드는 경향이 있다 (Tajfel et al., 1971). 이런 현상을 '내집단 바이어스'라고 한다.

같은 '집단'이라도 가정이나 직장처럼 결속이 강한 것부터, 처음 만나고 이름도 모르는 사람과 업무상 만나야 하는 것까지, 관계성의 강약은 다양하다.

그중에서 관계성이 되도록 단순한 집단을 최소조건집단이라고 한다.

내집단 바이어스를 연구한 타이펠Tajfel 팀은 그 집단을 실험실 내에서 구성하고, 최소조건집단 패러다임이라는 방법을 이용하여 실험을 했다. 그 결과 내집단과 외집단 사이, 및 내집단 안에 이해관계 없이 단지 나뉘어 있을 때조차 내집단에 대한 편애가 생기는 것이 밝혀졌다.

실험 참가자는 8명이 한 팀이 되어 스크린에 표시된 까만 점의 개수를 추측하는 과제를 수행했다. 그리고 실제보다 많다고 추측한 그룹과 적다고 추측한 그룹의 두 그룹으로 나뉘었다. 이 과제는 오로지 그룹을 나눌 목적만으로만 설정된 것이다.

<표1> 보수의 분배표

	내집단 편애 ←												→ 외집단 편애	
내집단 구성원	14	13	12	11	10	9	8	7	6	5	4	3	2	1
외집단 구성원	1	2	3	4	5	6	7	8	9	10	11	12	13	14

그 후, 내집단을 외집단 구성원과 한 명씩 짝지어주고, 보수를 어떻게 나눌 것인지 판단해달라고 요청했다(표1). 그러자 원래부터 사이가 좋았던 것이 아니라 거기서 같은 그룹에 속했을 뿐인데도, 실험 참가자 중 여러 명이 내집단 멤버가 더 많이 받을 수 있는 분배 방법을 택했다.

내집단 편애와 차별

올림픽에서 자국 선수를 열심히 응원하는 것을 차별이라고는 말하지 않듯이, 내집단을 호의적으로 느끼는 것 자체는 아무 문제가 없다.

그러나 내집단을 우위에 놓으려 애를 쓴 나머지 외집단의 발목을 잡거나 공격한다면, 그것은 차별이 되어갈 위험성이 높다. 자국 내의 집단간 차별을 해소하는 방법으로 특정 국가와 국민을 공통의 적으로 만들어 비판하는 것은 많이 볼 수 있는 사례다.

마찬가지로, 많은 사람들이 자기가 좋아하는 것을 긍정하려고 다른 것을 깎아내리는 잘못을 저지르곤 한다.

다른 물건을 비판한다고 해서 내가 좋아하는 물건의 본질적 가치가 올라가지는 않는다. 그런 행동을 하는 사람이 좋아하는 물건이라면서 주변 사람들이 오히려 그 물건을 멀리하게 될 수도 있다.

집단간 차별을 해소하기 위해서는

집단간 대립의 해결 방법을 검토한 심리학자 셰리프의 연구가 있다 (Sherif, et al., 1988). 아이들을 두 그룹으로 나누어 따로 활동하게 하여 그룹 내 결속력을 높인다. 그 후 그룹끼리 스포츠 등으로 경쟁을 시킴으로써 대립을 격화시킨 다음, 그 대립을 개선하기 위해 효과적인 방법을 검토했다.

그 결과, 모두 함께 영화를 보거나 식사를 하는 행위는 대립 완화에 큰 효과가 없었다. 그래서, 두 그룹이 협력하지 않으면 극복할 수 없는 문제를 일으켜서 해결하게 하자, 외집단에 대해 호의적으로 평가한 아이의 비율이 큰 폭으로 증가했다. 이것으로 미루어, 집단간 차별을 해소하려면 대립하는 집단끼리 협력해야 해결할 수 있을 만한 과제를 부여하는 것이 유효하다고 결론짓고 있다.

예를 들면 소설 등에서 서로 으르렁대던 집단이 같은 장소에 있게 되고, 힘을 합치지 않으면 극복할 수 없는 난관에 부딪치는 스토리가 이것의 전형이다.

위기처럼 보이는 상황도, 라이벌과 함께 극복함으로써 든든한 동료를 얻는 기회가 될 수 있는 것이다.

우주인이 침공하면 내집단 바이어스에 의해 국제 분쟁은 줄어든다!?

남에게 엄격하고 나에게 관대하다. 그런 바이어스는
나의 성장을 방해할지 모른다.

09

궁극적 귀인 오류
Ultimate Attribution Error

의미	내가 속하지 않은 집단(외집단)이나 멤버가 성공했을 때는 상황(외적 요인)이, 실패했을 때는 재능이나 노력(내적 요인)이 원인이라고 생각하는 것. 반면에 내가 속한 집단(내집단)이나 구성원이 성공했을 때는 재능이나 노력이, 실패했을 때는 상황이 원인이라고 생각하는 것.
관련	기본적 귀인 오류(→202쪽)　내집단 바이어스(→206쪽)

우리 팀은 능력이 좋다?

당신이 축구 동호회 회원이라고 가정해보자.

팀메이트가 골을 넣었다면 그 이유를 '평소에 열심히 연습했으니까'
또는 '골 넣는 능력이 좋으니까' 등으로 생각할 것이다. 반대로 실점했
을 때는 '오늘은 운동장이 미끄럽다' 또는 '바람이 너무 셌다' 등으로
생각한다면, 궁극적 귀인 오류에 빠져 있는 것이다.

이 바이어스가 작동하면 상대 팀 선수가 골을 넣으면 '바람의 방향
이 잘 맞았을 뿐이야' 또는 '운이 좋았던 거지' 등으로 생각하는 경향
이 있으며, 상대 팀이 열세이면 '연습을 안 했군' 또는 '원래 실력이 없
으니까' 하는 식으로 생각해버린다.

궁극적 귀인 오류 경향

	성공했을 때	실패했을 때
내집단에 대해	노력이나 능력 덕분	운이나 환경 덕분
외집단에 대해	운이나 환경 탓	노력 부족이나 능력 부족 탓

즉, 내가 속한 집단(내집단)이나 구성원의 성공은 노력이나 능력으로, 실패는 운이나 환경으로 원인을 돌리고, 내가 속하지 않은 집단(외집단)이나 구성원의 성공은 운이나 환경으로, 실패는 노력이나 능력으로 원인을 돌리는 것이다(Pettigrew, 1979).

'개인'과 '집단'

사회적 정체성 이론에서는 자기 인식이 자기가 속한 집단에 의해 형성된다고 설명한다(Tajfel and Turner, 1979).

이 이론에 따르면, 사람은 '나는 ○○보다 빨리 달릴 수 있다'라는 식으로 개인과 비교함으로써 자존감을 높인다. '내가 다니는 대학의 축구 팀은 전국 최고다'라는 식으로 내집단과 외집단을 비교하는 것으로도 같은 효과를 얻는다.

내집단에서 일어난 좋은 일을 나에게 좋은 일처럼 느끼고, 그 결과 자존감이 높아지거나 행복한 느낌을 얻기도 하는 것이다. 내집단과 나의 일체감이 강할수록 효과는 커진다.

더욱이, 내집단에 속한 '개개 멤버'에 대해 어느 정도는 강한 일체감을 갖기도 하며, 멤버들을 통틀어 '우리'라고 인식하게 된다.

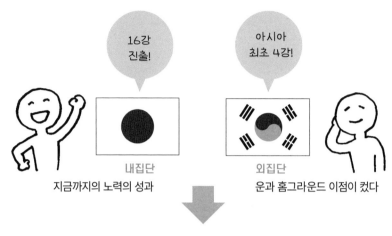

일본인 대학생은 2002년 월드컵에서 한국과 일본의 성적을 어떻게 보았는가?

16강
진출!

아시아
최초 4강!

내집단
지금까지의 노력의 성과

외집단
운과 홈그라운드 이점이 컸다

궁극적 귀인 오류에 따른 전형적인 평가

월드컵에서 한국과 일본의 성적을 어떻게 보았는가?

2002년 월드컵을 소재로 일본인 대학생을 대상으로 수행한 연구가 있다(무라타村田, 2003). 한국과 일본이 공동 개최한 이 대회에서 한국은 4강, 일본은 16강까지 올라갔다. 이런 성적을 거둔 이유를 어떻게 추측하는지 물었다.

그 결과, 조사 대상자는 두 나라의 결과가 모두 바람직하다고 받아들이는 한편, 일본인 입장에서 내집단인 일본의 성적을 '지금까지 노력한 성과다'라는 내적 요인으로 귀인하는 것이 많았다.

반면에 일본인 입장에서 외집단인 한국의 성적은 '운과 홈그라운드 이점이 컸다'라는 외적 요인으로 보다 많이 귀인했을 것이다. 이것은 '궁극적 귀인 오류'가 생긴 결과라고 말할 수 있다.

궁극적 귀인 오류에 관한 함정

궁극적 귀인 오류라는 바이어스가 발생함으로써 나 자신이나 내집단·외집단의 인식에 오해가 생기는 것은 큰 문제이다. 어떤 집단에 대해 그 역량을 정확히 측정할 수 없게 되기 때문이다.

내집단의 성공이나 승리가 운이나 환경 같은 외적 요인 덕분이었다는 것을 모르면 자기들의 능력을 과대평가하게 된다. 그러면, 외적 요인이 작용하지 않는 상황에서 생각했던 결과를 얻을 수 없게 된다. 그렇게 되면 자존감이나 자기 효력감이 낮아질 위험성이 있다.

한편, 외집단에 대해서는 성공을 노력이나 능력으로 귀인하지 않으므로 상대방을 경멸하거나 차별을 정당화하는 것으로 이어질 수 있다. 또한, 그런 잘못된 사고에 대한 반성이나, 좋은 결과를 낸 상대방을 따라잡기 위해 노력할 기회를 잃어버릴 수도 있다.

이런 사태를 막으려면 비판적 사고(크리티컬 씽킹)라는 '논리적으로 생각하는 훈련'을 하는 것이 효과적이다.

상대방을 심하게 책망하고 싶어지는 것은 나를 지키고
싶다는 욕구의 반증이다.

10

방어적 귀인 가설

Defensive Attribution Hypothesis

의미	좋지 않은 일이 일어났을 때 가해자나 피해자에게 자기 입장을 겹쳐서 다른 입장에 있는 사람의 책임을 과다하게 평가하는 것.
관련	

형량은 적절한가

범죄 관련 뉴스를 보다가 범인의 형량이 너무 가볍거나 너무 무겁다
고 느낀 적이 있을 것이다.

형벌은 법으로 정해져 있으므로 법이 바뀌지 않는 한 현재 정해진
형량 이상으로 엄벌에 처할 수는 없다. 그러나 정해진 범위 안에서 형
벌이 가벼워지거나 무거워질 때는 가해자 책임의 무게를 묻게 된다. 그
때, 행동의 원인을 추측하는 '원인 귀인' 과정에서 바이어스가 생기기도
한다.

나의 입장과 당사자의 입장

사건의 '원인'은 한 가지가 아니다. 예를 들어 '시야가 확보되지 않은

가해자·피해자의 책임을 어떻게 판단할까?

가해자

피해자

가해자에 가까운 속성을 가진 사람
(차를 운전하는 사람, 비슷한 상황을
경험한 사람 등)

피해자에 가까운 속성을 가진 사람
(운전을 하지 않는 사람,
어린아이를 둔 부모 등)

자기방어 욕구

가해자를 옹호하는 경향

가해자의 책임을 강하게
추궁하는 경향

'교차로에서 아이가 갑자기 튀어나와 차와 부딪힌' 사고가 났다면 이 사고의 원인은 뭘까? 운전자의 부주의(가해자)일까, 갑자기 튀어나온 아이(피해자)일까, 시야가 확보되지 않은 교차로(상황)일까?

법률상의 정답은 별개로 하고, 이럴 때 우리는 많은 원인 후보 중에서 가장 책임이 무겁다고 생각하는 것을 선택하여 원인이라고 인식한다. 그러나 어디까지나 추론에 지나지 않으므로, 판단에는 생각하는 사람의 편견이 들어간다.

예를 들어 사건이나 사고 등 부정적 사건의 당사자(가해자·피해자)를 평가할 때, 우리는 나와 닮은 부분이 있는 사람에게 나를 겹쳐서, 그렇지 않은 사람의 책임을 과도하게 평가하는 경향이 있다. 이것을 '방어적 귀인 가설'이라고 한다(Shaver, 1970).

또한 방어적 귀인 가설에 관한 실험에서는, 우연히 발생한 자동차에 의한 교통사고가 중대한 결과를 초래할수록 운전자에게 책임이 크게 귀인되는 경향이 있는 것이 지적되었다(Walster, 1966). 이런 현상이 생기는 이유는 판단을 한 사람들이 자기가 피해자와 같은 경험을 하게 될 때의 고통을 회피하려 하기 때문이라고 여겨진다.

사고가 커질수록 운전자의 책임을 추궁할 필요가 있다. 우리는 자기가 큰 사고를 당할 수 있다고 생각하면 불안을 느끼기 때문에 운전자에게 책임을 물음으로써 그 불안감을 줄이는 것이다.

한편, 추가 실험을 한 다른 연구자는 다른 가설을 세웠다(Shaver, 1970). 사고 당사자와 판단자 사이에 중요한 것은 개인적 유사점이며, 그럴 때 가해자에 대한 책임은 과소평가된다는 것이다. 왜냐하면 내가 사고 피해자가 되었을 때 가해자의 책임을 추궁하고 싶다는 마음보다는, 가해자가 되었을 때 추궁을 피하고 싶은 생각이 더 강해진다고 추측했기 때문이다.

어느 쪽 가설이든, 판단하는 사람이 자기를 지키려는 마음이 작동하는 것이며, 방어적 귀인 가설이라는 바이어스가 생기는 메커니즘은 공통된다.

성범죄나 학대 등의 사건에 숨어 있는 덫

판단을 내리는 사람은 나와 비슷한 점을 찾아낸 상대의 반대 입장에 있는 사람의 책임을 더 무겁게 생각한다고 앞에서 이야기했다.

그러면, 공적인 기관에서 성범죄나 학대에 대해 가해자의 책임을 누가 판단하고 있는지 생각해보자. 모두 성인이며 대부분 남성이라는 것은 금방 생각해낼 수 있을 것이다.

2019년 일본 경찰청 통계에 따르면 2018년 강간 등 성폭력 사건 피

올바른 결론은 어른만 내릴 수 있을까?

아동학대	처벌이나 처분 심의 중
가해자는 대부분 어른 / 피해자는 아이	판단은 어른이 한다

자기방어 욕구?

· 육아는 힘들다
· 예전에는 체벌이 당연했다
· 요즘 애들은……

방어적 귀인 가설이 생기지 않는다고 단언할 수 있는가?

해자 96%가 여성이었다. 학대 역시 피해자 대부분 아이와 여성이었다. 아동학대는 가해자가 어른이며 그중 73%가 남성이었다.

어느 인터넷 조사(에어트립, 2020)에 따르면 66%의 사람이 아동학대에 대한 처벌이 가볍다고 느끼고 있다. 그러나 형벌이 좀처럼 바뀌지 않는 원인으로는, 심리학적 관점에서는 변경을 검토하는 측에 당사자나 당사자와 같은 입장인 사람이 적다는 것을 들 수 있다.

오해가 없도록 한마디 덧붙이자면, 성범죄나 학대에 대한 처벌이 가벼운 것은 남성 탓이라고 비판하고 싶지는 않다. 성별뿐만 아니라 다른 속성에도 편향이 있는 가운데 판단이 이루어질 때, 방어적 귀인 가설에 의해 정확한 판단이 방해받을 가능성이 있다고 지적한 것뿐이다.

즉, 개인의 사고방식의 편향을 집단 내에서 해소하기 위해서는 성별, 연령, 직업 등 다양한 속성의 사람을 참가시키는 것이 중요한 것이다.

우라시마 다로는 왜 용왕의 딸이 한 말을 지키지 않고
상자를 열어버렸을까?

심리적 반발
Psychological Reactance

의미	나의 선택이나 행동의 자유를 제한당한다고 느끼면, 제한하는 것에 반발하고 거스르는 행동을 취하려 하는 것.

관련	현상 유지 바이어스(→222쪽)　공정 세계 가설(→226쪽) 시스템 정당화 바이어스(→230쪽)

강한 금지는 역효과

'제가 베를 짜는 동안 절대로 방안을 엿보면 안 됩니다.'
'이 상자는 절대 열면 안 됩니다.'

전자는 「은혜 갚은 학」, 후자는 「우라시마 다로浦島太郎」의 한 구절이다. 옛이야기 속 등장인물이 '연다'는 행동이 금지되었음에도 불구하고, 그것을 지키지 못했던 것은 과연 호기심에 졌기 때문만일까?

사람은, 원래 갖고 있는 선택이나 행동의 자유를 타자에게 위협받을 때 그 자유를 회복하려고 오히려 방해되는 행동을 하려고 하는 경우가 있다. 이것을 '심리적 반발'이라고 한다(Brehm, 1966).

앞의 두 가지 옛이야기에서는 자기 집 방문이나 자기 소유가 된 상자를 여는 자유가 제한된다. 그 제한 때문에 '열어보고 싶다'는 마음이 강해졌다고 생각할 수 있다.

친절일까, 쓸데없는 참견일까

예를 들어 맛있어 보이는 라면을 눈 앞에 두고 '짠 것을 많이 먹으면 좋지 않다'라든지, 만화책을 재미있게 보고 있는데 '만화만 보지 말고 문학 작품을 읽어라' 하는 소리에 화가 났던 적은 없는가? 상식적으로 생각 하면 염분을 과다섭취하지 않는 것이 당연히 몸에 좋으며, 문학 작품 을 읽고 식견을 넓히는 것이 좋은 일이라는 것은 많은 사람이 동의할 것이다. 맞는 말을 들었는데, 왜 화가 나는 걸까?

이 역시, 행동의 자유가 제한되기 때문이다. 상대방을 생각해서 한 조언이 역효과를 내는 것은 이런 메커니즘이 작동하기 때문이다.

갖기 힘들수록 갖고 싶다

또한, 희소성이 심리적 반발을 일으키는 원인 중 하나임이 실험을 통 해 확인되었다. 한 연구에서는 소비자의 취향을 조사하기 위해 실험 참가자에게 쿠키를 먹어보고 가치를 평가하게 했다. 그 결과, 다음과 같은 것을 알 수 있었다.

① 똑같은 쿠키인데, 2개가 든 병의 쿠키가 10개가 든 병의 쿠키보다 가

어느 쪽 쿠키의 가치가 높다고 느낄까?

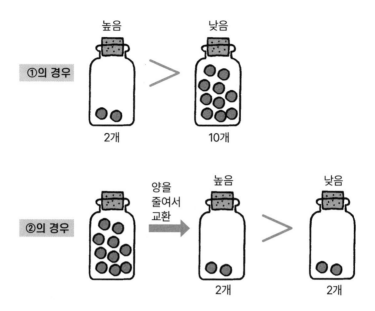

①의 경우
높음 > 낮음
2개   10개

②의 경우
양을 줄여서 교환
높음 > 낮음
2개   2개

치가 높다고 느낀다.

② 처음부터 쿠키가 2개 든 병을 본 사람들보다 먼저 10개가 든 병을 보
여주고, 그다음에 2개가 든 병으로 바꿔서 받은 사람 쪽이, 즉 줄여
서 2개가 든 병의 쿠키가 더욱 가치가 높다고 느낀다.

쿠키 2개가 10개보다 적기 때문에 "다른 사람이 선택하면 나는 이
쪽을 선택할 수 없게 될지도 모른다"고 선택의 자유를 위협받는다. 따
라서 가치가 높다고 생각한다(Worchel, et al., 1973).

이를 통해, 상품을 팔 때 '기간 한정' '선착순 ○명' 등으로 표시하는
것은, 사람의 마음을 교묘하게 이용하고 있다고 말할 수 있다. 기회를
놓치면 '구매할 자유'를 잃기 때문에, 우리는 그것을 구입함으로써 자

유를 회복하려 한다.

또한, 불확실한 상황에서 의사결정을 모델링한 전망 이론Prospect Theory 에서 알 수 있듯이, 사람은 이익보다 손실을 중시하므로 사지 못해서 손해를 보고 싶지 않다고 생각한다(Kahneman and Tversky, 1979). 그러므로 구입하겠다는 동기부여가 되는 것이다.

장애물이 사랑을 불타오르게 한다

실현하기 위한 장애가 많을수록 매력적으로 보인다는 현상은 셰익 스피어 희곡 「로미오와 줄리엣」에서도 볼 수 있다.

대대로 원수인 두 집안에서 태어난 로미오와 줄리엣은 사랑에 빠지지만 가문끼리 서로 반목하고 있기 때문에 그것을 도저히 밝힐 수 없다. 결국 두 사람은 함께 도망칠 계획을 세우지만 일이 꼬였고, 자살한 척한 줄리엣이 정말로 죽었다고 생각한 로미오는 자살해버리고, 그것을 알게 된 줄리엣도 로미오의 뒤를 따르고 말았다는 이야기다.

두 사람의 사랑이 이렇게 불타오른 이유는 뭘까? 그 이유로 '원수지 간인 두 가문'이라는 큰 장애물이 가로막고 있었던 것을 들 수 있다.

심리학적 관점에서 보면 두 사람은 집안 사정 때문에 서로를 사랑할 자유를 위협받는다. 그 위협에서 해방되려고 한 결과, 갈망이 한층 강해져 극단적인 행동으로 치달았다고 설명할 수 있다.

이 바이어스에 얽매이지 않기 위해서는, 나의 감정이 강하게 뭔가를 향하고 있다고 느낄 때, 그것이 정말로 대상이 매력적이기 때문인지, 아니면 자유를 위협하는 장애 때문에 매력적으로 보이는 것뿐인지 냉정하게 돌이켜보는 것이 중요하다. 어린 로미오와 줄리엣이 그것을 알고 있었다면, 이야기는 다른 방향으로 흘러갔을지도 모르겠다.

'도전했다가 실패한다면 아예 도전하지 않는 게
낫다'는 마음의 작용.

12

현상 유지 바이어스

Status Quo Bias

의미	뭔가를 변화시킴으로써 현 상태가 더 나아질 가능성이 있다 해도 손실 가능성도 고려하여 현 상태를 유지하려는 경향.

관련	심리적 반발(→218쪽) 공정 세계 가설(→226쪽) 시스템 정당화 바이어스(→230쪽)

이익이냐 손해냐, 이것이 문제로다

동전을 던져 앞이 나오면 1,500원을 받을 수 있지만, 뒤가 나오면
1,000원을 지불해야 한다. 앞과 뒤가 나올 확률이 각각 1/2씩이라면
당신은 이 게임에 참여하고 싶은가?

앞이 나올 확률과 뒤가 나올 확률은 같기 때문에, 받을 액수가 많다
면 이 게임에는 참가해야 한다. 그러나 실제로는 많은 사람들이 난색
을 표하는 것으로 알려져 있다(Kahneman, 2011).

행동경제학에는 '손실 회피성'이라는 말이 있다. 글자 그대로 '손해를
보고 싶지 않은 심리'다. 우리는 이익과 손해를 비교할 때 손해가 더
중요하다고 느낀다.

앞과 같은 게임에서 뒷면이 나오면 100달러를 지불해야 하는데, 얼

마를 받는다면 참가하겠냐고 물었더니 많은 사람이 200달러 가량이라고 답했다(Kahneman and Tversky, 1979).

'이익과 손해가 어느 정도의 비율이라면 균형이 맞는가'라는 손실 회피 배율에 대해서는 많은 실험이 행해졌다. 그 결과, 개인차는 있지만 손해를 입는 분량의 1.5~2.5배 정도의 이득이 있어야 손해와 이익의 균형이 맞다고 느끼는 것이 밝혀졌다(Novemsky and Kahneman, 2005).

얻는 기쁨보다 잃는 공포가 크다?

프로스펙트 이론(전망 이론)에서는 사람이 뭔가를 얻었을 때보다 잃었을 때 받는 영향이 크다고 여긴다(Kahneman and Tversky, 1979).

이런 경향은, 앞에 나온 심리적 반발에서 이야기한 '사람은 잃는 것을 회피하려 한다'는 것이 다른 형태로 나타난 것이라고 말할 수 있다. 우리의 의사결정은 감정에서 생겨난 왜곡이 영향을 미치고 있다. '가치를 느끼는 방식의 왜곡'을 함수로 나타낸 것을 가치함수라고 한다.

오른쪽 그래프(<그림1>)를 참조하면서 본문을 읽어나가기 바란다. 중심에서 좌우로 같은 거리(이 경우는 양쪽 모두 1만 원씩)만큼 떨어졌더라도, 느끼는 기쁨(중심의 가로선에서 위로 향하는 거리)과 실망(아래로 향하는 거리)은 크게 다르다. 이익을 얻은 것에 따른 기쁨(그래프의 오른쪽 위 곡선)은 손실을 입은 것에 따른 실망(그래프의 왼쪽 아래 곡선)보다 선의 커브가 완만하다.

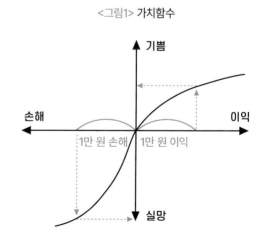

<그림1> 가치함수

이것은 이익을 얻었을 때 생기는 감정이 손해를 입었을 때 생기는 감정보다 약하다는 뜻이다. 따라서 기쁘다는 감정이 더 강해지려면 이익이 손실의 1.5~2.5배 커야 한다. 행동을 일으킬 때의 장점이 이 배율을 밑도는 경우, 손해볼 가능성이 있으므로 사람은 행동을 일으킬 필요성을 느끼지 못하고, 현 상태에 머물려고 한다. 이것을 '현상 유지 바이어스'라고 한다(Samuelson and Zeckhauser, 1988).

한 번 손에 넣은 것은 놓기 싫어지는 보유 효과

현상 유지 바이어스는 보유 효과가 생길 때 두드러지게 발생한다. 보유 효과란, 한번 뭔가를 손에 넣으면 자기에게 그것이 없었을 때보다 가치가 높은 것처럼 느끼고, 놓쳤을 때 저항을 느끼는 현상을 말한다.

유명한 보유 효과 실험을 소개한다.

실험 참가자 대학생을 두 그룹으로 나누고 한쪽에만 6달러 상당의 머그컵을 주었다. 받지 못한 그룹의 학생에게는 같은 제품을 보여주고 얼마라면 살 것인지, 그리고 머그컵을 준 학생들에게는 자신이 받은 머그컵을 얼마라면 팔 것인지 물었다. 그 결과, 학생들이 대답한 금액은 머그컵을 주었던 그룹이 7.12달러, 주지 않았던 그룹이 2.87달러로 2배 이상 차이가 나타났다.

이 이유에 대해, 머그컵을 받았던 학생들은 일단 자기가 가짐으로써 그 머그컵의 가치가 높아진 것처럼 느끼고 내놓는 것에 저항을 보인 것으로 추측되었다(Kahneman, et al., 1990).

통신 판매에서는 '○일 이내라면 반품 가능'이라는 문구를 흔히 볼 수 있는데, 보유 효과가 작동하거나 반품 절차의 번거로움 때문에 사람들이 반품을 잘 하지 않는다는 것을 알고 판매하는 경우도 있으므

로 주의해야 한다.

한편, 머그컵을 받지 못한 그룹은, 갖고 있지 않은 현재 상태를 바꾸지 않도록 그 정도로 싼 것이라면 필요 없다고 생각하기 위해 머그컵 자체의 가치를 낮게 어림잡았다고 생각할 수 있다.

조직 개혁이 좀처럼 진행되지 않는 이유

새로운 시스템이나 제도가 훨씬 좋은데도 기존의 것에 집착하여 개선되지 않는 현상의 원인 가운데 하나는 '현상 유지 바이어스'이다.

사람은 장점보다 단점에 민감하다. 다른 사람을 설득하여 현 상태를 좋은 방향으로 바꾸고 싶다면 단점과 비교하여 장점이 충분히 커지도록 대책을 세우는 것이 중요하다. 또한, 이미 갖고 있는 것을, 갖고 있지 않은 상태라고 가정하고 생각하는 '제로 베이스 사고Zero based Thinking'도 효과적이다.

'나쁜 짓을 하면 벌을 받는다'라고 생각하는 사람일수록
피해자를 격렬하게 비난하기 쉽다!?

13

공정 세계 가설

Just-World Hypothesis

의미	좋은 일을 하면 좋은 일이 돌아오고, 나쁜 짓을 하면 나쁜 것이 돌아온다고 보는 인지적 편견.
관련	심리적 반발(→218쪽) 현상 유지 바이어스(→222쪽) 시스템 정당화 바이어스(→230쪽)

나쁜 짓을 하면 천벌을 받는다?

어린 시절, 나쁜 짓을 해서 부모님이나 선생님께 "천벌을 받을 것"이라고 꾸중을 들은 경험이 있는가?

2020년 「요미우리신문」 여론조사에 따르면 '나쁜 일을 하면 천벌을 받을 수 있다'고 생각하는 사람의 비율은 76%였다. 1964년 같은 조사에서는 41%였으므로 현대에는 그렇게 생각하는 사람의 비율이 더 높아졌음을 알 수 있다.

또 이 조사를 연령대별로 살펴보았더니, 놀랍게도 70세 이상이 63%인 반면 18세~29세는 81%였다. 이로부터 노인보다 젊은이들이 '나쁜 짓을 하면 천벌을 받는다'고 생각하는 사람이 많다는 것이 밝혀졌다.

'천벌을 받는다' '인과응보' '자업자득' 등 내가 한 일이 나에게 돌아

'천벌을 받는다' 여론조사 데이터 추이

1964년	있다	없다	모름·무응답
전체	41	40	19
20대	31	45	24
30대	37	43	20
40대	43	43	14
50대	45	35	20
60세 이상	52	30	18

2020년	있다	없다	무응답
전체	76	23	1
18~29세	81	17	2
30대	80	20	
40대	80	19	1
50대	83	15	1
60대	74	26	1
70세 이상	63	34	3

「요미우리신문」 2020. 8. 13. 조간 데이터를 토대로 작성.

온다는 생각은 오늘날에도 문화와 의식 속에 깊이 뿌리 내리고 있다.

나쁜 짓을 하면 나쁜 일이 일어난다는 생각은 때때로 오귀인을 일으킨다. 나쁜 일이 일어나는 것은 나쁜 짓을 했기 때문이라고 인과관계를 뒤집어버리는 것이다. 이런 오귀인은 좋지 않은 사태를 일으킬 수 있다. 그런 사례 가운데 하나로 범죄 피해자에 대한 태도를 들 수 있다.

피해자가 왜 책망을 당할까?

밤길을 걷다가 성범죄 피해를 당한 여성이, 한밤중에 돌아다녔다거나 얇은 옷차림이었다는 등의 이유로, 피해자인데도 비난받는 일은 드물지 않다. 여성이 한밤중에 길을 가든 얇은 옷을 입든, 범죄를 저지른 사람이 없다면 그런 사건은 일어나지 않으므로 마땅히 범인만 비난을 받아야 한다. 그러나 이런 예뿐만 아니라 피해자임에도 불구하고 주위로부터 비난받는 사례는 많이 존재한다.

실험 참가자들에게 타인이 다양한 조건에서 전기 충격을 받는 상

고통받는 사람을 보았을 때, 사람의 마음은 어떻게 움직일까?

분명히, 나쁜 짓을 했을 거야.

전기 충격을 받는 사람을 계속 지켜본 결과,
그 고통의 원인이 그 사람의 행위에 있다고 생각하게 된다.

황을 보여주면서 느끼는 방식의 변화를 검토한 실험이 있다. 실험 결과, 고통받는 모습을 지켜보기만 해야 했던 참가자는 실험이 진행됨에 따라 전기 충격을 받고 있는 사람을 멸시하게 된다는 것이 밝혀졌다 (Lerner and Simmons, 1966). 변화가 생긴 이유에 대해 참가자들이 "전기 충격을 받고 있는 사람이 이런 심한 꼴을 당하는 것은 분명히 뭔가 나쁜 짓을 했기 때문일 것"이라고 생각하게 되었기 때문이라고 연구자들은 결론 내리고 있다.

이처럼 "행동에 걸맞은 결과가 그 사람에게 내려진다"는 생각을 '공정 세계 가설'이라고 한다. 이 바이어스에 빠지면 '왕따를 당한 사람에게도 문제가 있다' '전염병에 걸리는 것은 자기 책임이다' 하는 식으로 생각하게 된다.

이 바이어스에는 불안이 크게 관련되어 있다. 나쁜 짓을 하지 않은 사람이 불합리하게 고통을 당한다면, 나한테도 그런 일이 닥칠지 모른다. 그런 "세계의 불합리함"과 "나도 불합리하게 상처받을지 모른다"

라는 불안에서 벗어나기 위해 사람은 공정 세계 가설을 믿는 것이다 (Zechmeister and Johnson, 1992).

좋은 일을 하면 반드시 보답이 있을까

이처럼 뭔가 사건이 생기려면 거기에 맞는 원인이 되는 사건이 있다고 생각하는 것이 '공정 세계 가설'인데, 나쁜 행위가 아니라 좋은 행위에 대해서는 어떨까?

전형적인 생각은 '노력은 반드시 보상받는다'라든지 '성공한 사람은 노력한 사람이므로, 실패한 것은 노력이 부족했던 사람이다' 같은 생각을 들 수 있다. 이것도 나쁜 행위와 마찬가지로 '힘든 경험을 하고 아무리 노력해도 보상받지 못할지도 모른다' '노력했는데 보답받지 못한 사람, 노력하지 않았는데도 성공한 사람이 있는 것은 불합리하다'라는 불안에 대처하기 위해서다.

공정 세계 가설의 빛과 그림자

공정 세계 가설은 좋은 측면과 나쁜 측면을 각각 갖고 있다.

세상에서 불합리성을 줄임으로써 정신적으로 안정감을 얻을 수 있고, 노력하면 보답받는다는 사고를 갖고 있으면, 목표를 향해 노력하는 것도 싫지 않을 것이다. 애초에 행동을 하지 않으면 목표를 달성하는 일은 없으므로, 결과로 이어지지 못하더라도 그 노력에는 의미가 있다.

한편, 그런 생각이 다른 사람을 멸시하고 비판하는 일로 이어지는 것에는 주의해야 한다. 모든 사람이 똑같은 환경이나 상황에서 살고 있지는 않다. 상대방의 입장이나 상황에 대해 상상력을 작동시키지 않고 이런 바이어스에 의해 생기는 차별을 없애는 일은 불가능하다.

사회심리학 관련
바이어스

비합리적인 관습이나 불합리한 시스템이 개선되지
않는 이유는?

14 시스템 정당화 바이어스

System Justification Bias

의미	특정한 사람에게 불편하거나 불리하더라도 새롭고 낯선 방법에 도전하기보다 기존 방식을 유지하려는 경향.
관련	심리적 반발(→218쪽) 현상 유지 바이어스(→222쪽) 공정 세계 가설(→226쪽)

세상은 불공평하고 불합리하다

별 생각없이 따르고 있기는 하지만, 냉정하게 생각하면 불합리하게 느껴지는 일들은 일상생활에 많이 있다. 상사가 돌아오지 않으면 아랫사람들이 퇴근하지 못하는 직장, 뚜렷한 결론이 나오지 않은 채 한없이 이어지는 지루한 회의, 같은 그룹의 친구가 위반을 했다는 이유로 연대 책임을 지는 학칙…….

공정 세계 가설에서도 이야기했듯이, 사람은 그 사람의 행위에 걸맞은 결과가 일어난다고 생각하는 바이어스를 가지고 있다. 그러나 앞에서 말한 상황은 과연 당사자의 책임일까?

보다 규모가 큰 이야기를 하면, 인종이나 성별에 기초한 사회적 지위의 높고낮음이나 사회제도에서 생기는 빈부 격차 등은 개인의 노력으로 어쩔 수 없는 것임에도 불구하고 이러한 속성에 의해 불이익을 당하고 있는 사람들이 있다는 것은 엄연한 사실이다.

공정 세계 가설의 관점에서 보면, 현재의 사회 시스템과 거기서 생기는 높은 지위나 재산 등은 풍족한 입장에 있는 사람들에게 매우 편리하다. 왜냐하면, 내가 혜택을 받고 있는 것 자체가 나의 행위가 올바르다는 것을 증명하기 때문이다.

한편, 축복받지 못한 입장에 있는 사람들은 어떨까. 내가 처한 불행한 상황을 나의 행위가 돌아온 결과라고 파악한다면 열등감을 갖거나 자기 효력감을 잃게 된다. 정말로 내가 잘못을 저질렀다면 모를까, 내 힘으로 개선할 수 없는 것들 때문에 불이익을 당하는 것은 피하고 싶은 것이다.

불공평하고 불합리한 사건이 많이 존재하는 세상에서 우리는 어떻게 그들과 타협하면서 살아가야 할까?

불합리한 세상을 살아가기 위하여

사람이 살아가면서 느끼는 불공평함이나 불합리함과 타협하는 과정을 '시스템 정당화 이론'을 이용하여 설명하려고 시도한 연구가 있다(Jost and Banaji, 1994). 이 이론에 따르면 사람은 '특정 사회의 시스템이 거기에 존재하는 것' 자체에서 가치를 발견하고 그 시스템을 정당화하려고 한다고 여겨지며, 이것을 시스템 정당화 바이어스라고 한다. "시스템이 있다"는 것 자체가 좋든 나쁘든 "무슨 일이 일어날지 모른다"는 '불확실성'을 없애주는 것이다.

사람은 모호한 것을 싫어하는 경향이 있다. 내성의 강도에는 개인차가 있지만 많은 사람들은 무슨 일이 일어날지 모르는 것보다는, 약간 문제가 있는 현행 시스템이라도 이용함으로써 모호한 부분이 적어지기를 바란다.

상상해보자. 당신은 고등학생인데, 어쩌다보니 밤늦게 집에 돌아가게 되었다. 캄캄하고 인기척 없는 길을 홀로 걷고 있다. 그러면 조금 앞에 있는 사거리에서 이쪽으로 달려오는 발소리가 들린다. 이대로 계속 걸으면 발소리의 인물과 마주칠 것 같다. 나를 향해 다가오는 상대가 다음의 인물이었을 때, 당신은 각각 어떤 느낌이 들까?

① 걱정되서 마중 나온 부모님

② 화가 나서 데려가려고 온 부모님

③ 한밤중에 왜 달리고 있는지 알 수 없는 사람

①은 좋은 것, ②는 좋지 않은 것, ③은 불분명한 것일 때, 많은 사람이 ③을 가장 긴장한다고 느끼지 않을까?

왜 이렇게 늦었냐고 부모님께 야단을 맞더라도 '스쳐가는 사람일 확률이 높다고 생각하지만, 어쩌면 〈묻지마 강도〉일지도 모르는 사람과 마주치는' 상황을 사람들은 더 무섭게 느끼는 것이다.

이런 식으로 '모른다'는 것은 사람에게 큰 위협이다. 그러므로 현재의 시스템 때문에 불이익을 당하고 있는 사람들조차 불안을 해소하기 위해, 문제가 있음을 알면서도 그 시스템을 이용하는 것이다.

불안을 부추기는 정보는 역효과

의외라고 느낄지도 모르지만, "일본의 범죄 상황은 악화되어 다른 나라처럼 될 가능성이 있다"라는 말을 들은 실험 참가자는 "범죄율이

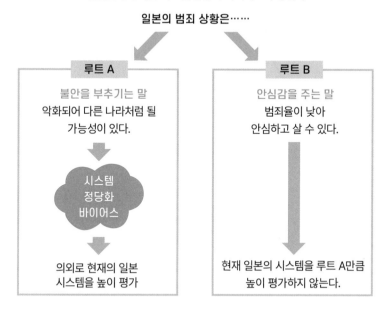

불안을 부추기면 시스템 정당화 바이어스가 생긴다

일본의 범죄 상황은……

루트 A	루트 B
불안을 부추기는 말	안심감을 주는 말
악화되어 다른 나라처럼 될 가능성이 있다.	범죄율이 낮아 안심하고 살 수 있다.
시스템 정당화 바이어스	
의외로 현재의 일본 시스템을 높이 평가	현재 일본의 시스템을 루트 A만큼 높이 평가하지 않는다.

낮고 아직 안심하고 살 수 있다"라는 말을 들은 사람들보다 그 시점의 일본 시스템을 높이 평가하는 것이 밝혀졌다.

사람은 반대에 부딪히거나 위협을 받으면 저항을 생각한다는 것은 '심리적 반발'에서도 이야기했듯이 잘 알려져 있다. 불안을 강화하는 정보를 주는 것은 바이어스를 강화할 위험성이 있는 것이다.

편견이나 추억이 아니라 나의 불안을 해소할 목적으로 생기는 바이어스가 있다. 이 바이어스 자체는 나쁘지 않지만, 현재의 시스템에서 부당하게 낮은 입장에 처해 있는 사람들에게, 그 사람의 행위가 당사자에게 돌아온다고 생각하는 것은, 상황의 개선을 기대할 수 없을 뿐만 아니라 차별로 이어질 가능성까지 있다는 것을 기억하기 바란다.

아이돌 그룹의 멤버는 함께일 때 더 빛날까,
혼자일 때 더 빛날까?

15

치어리더 효과

Cheerleader Effect

의미	사람의 얼굴이 혼자 있을 때보다 그룹 속에 있을 때 더욱 매력적으로 보이는 현상.
관련	

혼자 있는 것보다 떼로 있는 사람들이 더 매력적이다?

학생 시절을 떠올려보자. 친해지고 싶은 사람이 친구와 즐거운 듯이 웃으며 이야기를 나누고 있는 것을 보고 마음이 두근거렸던 경험이 있는가?

어떤 사람이 혼자 있을 때를 보았을 때보다 많은 사람들과 함께 있을 때 더 매력적이라고 느꼈다면 당신에게는 '치어리더 효과'가 생겼다고 생각할 수 있다. 이것은 집단 안에 있을 때 개인이 훨씬 매력적으로 보이는 효과를 말한다(Walker and Vul, 2014). 미국 TV 드라마 '내가 그녀를 만났을 때How I Met Your Mother'에 나온 '치어리더들은 한 사람씩 보면 별로 예쁘지 않은데, 함께 모여 있으면 매우 아름답게 보인다'는 에피소드에서 따와서 그런 이름이 붙었다.

치어리더 효과의 메커니즘

치어리더 효과를 검토하기 위해 실험 참가자에게 인물 사진을 제시하고 매력을 평가하게 한 실험을 수행했다(Walker and Vul, 2014).

평가 대상자 외에 동성 2명과 함께 찍힌 사진을 보여주는 '그룹 사진 조건'과 그 사진에서 대상자만 잘라낸 '단독 사진 조건'의 두 가지 조건을 설정했다. 그런 조건에서 인물에 대해 실험 참가자가 평가했다. 그 결과 단독 사진보다 그룹 사진이 대상자의 매력이 높았다.

이런 현상이 발생하는 메커니즘으로는 다음 세 가지 과정이 지적되고 있다.

① 여러 사람의 얼굴이 동시에 제시되면, 사람은 특징을 평균화하여 인지한다.

② 개인의 얼굴 지각은 평균값으로 수렴한다.

③ 평균화함으로써 평균에 수렴한 얼굴은 실제 얼굴보다 매력이 높아진다.

사람은 많은 시각 자극을 보면 그 특징을 평균적인 수준에서 일괄적으로 지각하는 경향이 있으며, 이것을 '앙상블 지각'이라고 한다(Alvarez, 2011). 도형 지각 등에서 자주 볼 수 있는 현상인데, 여러 명의 인물 얼굴도 전체적으로 평균적인 인상으로 요약하여 지각 처리된다. 즉, 치켜 올라간 눈, 처진 눈 등 개인의 특징적인 부분이 평균화됨으로써 특징이 적고 많은 사람들이 선호하기 쉬운 얼굴이 되는 것이다. 첫 번째 과정에서는 이런 현상이 일어나고 있다고 생각된다.

두 번째 과정에서는 첫 번째 과정에서 산출된 평균적인 수준으로 수

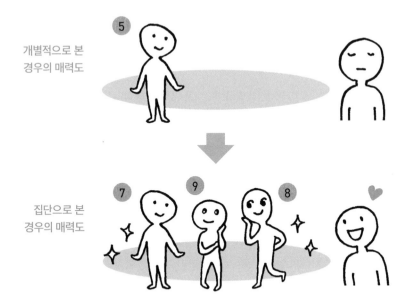

집단으로 있으면 더 매력적으로 보인다

개별적으로 본
경우의 매력도

5

집단으로 본
경우의 매력도

7 9 8

렴하여 한 사람 한 사람의 얼굴이 보정되고, 세 번째 과정에서는 보정된 상태 그대로 개인의 매력도가 판단된다.

여기서 중요한 것은, 얼굴을 둘러싼 심리학적 연구로부터 많은 얼굴의 특징을 바탕으로 합성된 평균적인 얼굴은, 많은 사람들에게 매력적으로 보인다는 현상이 널리 인정되고 있다는 것이다. 이것은 인간이 진화 과정에서 균형 잡힌 것을 선호하는 경향을 학습했기 때문이라고 보고 있다.

치어리더 효과에서 보이는 성차性差

흥미롭게도, 치어리더 효과는 성별에 따라 효력이 크게 다르다는 것이 지적되었다(하토리服部 등, 2019).

여성이 남성의 얼굴을 평가할 때 치어리더 효과가 두드러지게 나타나며, 남성은 상대의 성별에 따른 효과에 차이가 없다고 한다.

여성은 이전에 본 적이 있는 얼굴에 대해서는 여성보다 남성의 얼굴을 더 기억하지 못하는 것으로 지적되었다(Herlitz and Lovén, 2013).

집단 속 개인들의 시각적 자극은 앙상블 지각에 의해 생성된 요약에 의해 보정된다(이를 계층적 코딩이라고 한다). 그때, 모호함이나 오차를 많이 포함한 자극이 명백한 차이를 가진 자극보다 그런 현상이 강하게 발생한다고 여겨진다.

그러므로 여성이 평가자인 경우, 세세한 부분까지 기억하지 못하는 남성의 얼굴에 대해 보정이 강하게 생기며, 결과적으로 치어리더 효과도 커지는 것이 아닐까 추측한다. 즉, 여성이 평가하는 경우, 남성 집단에 속한 남성은 원래 모습보다 다소 멋지게 보인다고 생각할 수 있다.

남성 아이돌 그룹뿐만 아니라 거리에서 스쳐지나가는 학생이나 직장인 집단도 여성의 눈에는 남성 자신이 인식하는 것보다 조금 멋지게 보일지도 모른다.

하지만 유감스럽게도 1대 1 교제를 시작하면 그 마법은 풀리고 만다. 그러므로 관계를 깊게 하기 위해서는 만나보지 않으면 알 수 없는 개인 본래의 매력이 중요해진다.

얼굴을 모르는 많은 수의 희생자보다 가까이 있는
한 명의 희생자.

16

식별 가능한 피해자 효과

Identifiable Victim Effect

의미 특정 개인을 예로 제시하면 높은 공감이나 관심을 나타내지만, 사람의
수나 비율로 제시하면 공감이나 관심이 낮아지는 현상.

관련

집단과 개체

밤하늘을 올려다봤을 때, 교과서에서 배운 별자리라면, 어른이 되어
서도 찾아낼 수 있을 것이다.

북두칠성, 오리온자리, 카시오페이아자리 등 별자리로 묶여 인식되
는 별들은 각각 이름이 붙어 있고 크기나 밝기도 다르다. 그러나 우리
가 별자리로 인식하면 별의 개별성은 사라지고 별자리를 구성하는 하
나하나의 별에 대해서는 의식적으로 생각하지 않게 된다.

인간 사회에서도 똑같은 현상을 관찰할 수 있다. 예를 들어, 다음과
같은 캠페인을 본 적이 있을 것이다.

'난치병에 걸린 아이 ○○가 있습니다. 최근에 그 병을 치료할 수 있는

치료법이 개발되었습니다. 하지만 치료를 받으려면 엄청난 비용이 듭니다. ○○가 치료를 받을 수 있도록 기부해주세요.'

한편, 다음과 같은 호소도 본 적이 있을 것이다.

'전 세계에서 ○만 명의 아이들이 이 질병으로 고통을 받고 있습니다. 최근에 그 질병에 대한 획기적인 치료법이 개발되었습니다. 그러나 치료를 받으려면 엄청난 의료비가 듭니다. 아이들이 치료를 받을 수 있도록 기부해주세요.'

둘 다 질병 치료를 위해 기부를 호소하는 문장이다. 다만 기부를 필요로 하는 대상이 이름을 알 수 있는 개인인지 숫자로 표시된 집단인지가 다르다. 이 대상의 차이가 우리의 행동에 큰 영향을 미친다는 것이 밝혀지고 있다.

숫자는 실감이 안 난다?

도움이 필요한 사람이 있다고 해보자. 개인으로 특정할 수 있는 1명과, 특정할 수 없지만 다수임을 숫자로 나타낸 집단 가운데 어느 쪽이 더 많은 기부를 모을 수 있을까? 개인으로 특정할 수 있는 쪽이 기부를 받기 쉽다. 이것을 '식별 가능한 피해자 효과'라고 한다.

이 효과를 검토한 실험이 있다. 우선, 실험 참가자에게 설문조사에 답을 받고 보상으로 5달러를 주었다. 그런 다음 식량위기에 관한 기사를 읽게 하고, 문제해결을 돕기 위해 받은 5달러 중 얼마를 기부할지 물었다. 참가자가 읽은 식량위기에 관한 글은 두 종류가 준비되었다.

첫 번째는 "○○명이 식량 부족으로 곤경에 처해 있다" "2000년에 비해 옥수수 생산량이 42% 감소하고 있다" 등 구체적인 숫자로 문제를 설명하는 '통계 조건'이었다.

두 번째는 "당신의 기부로 ○○가 더 나은 삶을 살 수 있다"라며 소녀의 이름과 얼굴 사진을 보여주는 '얼굴이 보이는 조건'이었다.

기부를 요청받은 참가자들은 통계 조건에서는 자신이 받은 보상의 23%를, 얼굴이 보이는 조건에서는 48%를 지원하겠다고 답했다(Small, et al., 2007).

이 결과는 상대방의 얼굴, 이름 및 기타 상세한 상황을 아는 것이 기부를 촉진한다는 것을 보여준다. 그것은 친근감을 갖거나 동정심을 불러일으키기 때문인 것으로 보인다. 반면 정보가 개인과 연결되지 않으면 이런 감정이 생기지 않기 때문에 행동이 일어나기 어려운 것이다.

또한 행동 촉진 및 억제에 영향을 미치는 요인으로 상대방과의 거리감(모르는 사람, 친구, 친척 등)이나 상태의 선명도(실제로 눈앞에서 일어나고 있는지, 활자로 읽었

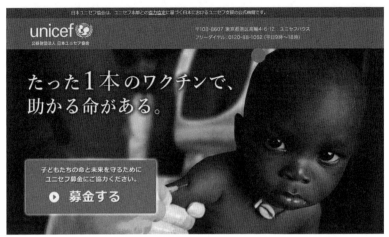

일본유니세프협회 홈페이지(https:// www.unicef.or.jp/special/17win/) 정보를 토대로 편집부가 작성.

는지 등)가 있는 것으로 알려져 있지만, 심리학에서는 '언 발에 오줌 누기 효과'도 한 가지 요인으로 지적되었다(Ariely, 2010).

이 효과에서는, 나 하나가 행동을 함으로써 상대방을 확실히 구할 수 있는지가 중요하다. 나 혼자 열심히 노력해봤자 아무 일도 일어나지 않는다고 생각하면 행동은 일어나지 않는 것이다.

숫자에 매몰되지 않기 위하여

누군가에게 협력하고 싶다면, 이 정도의 사람이 도움을 청하고 있다고 숫자로 나타내는 것보다, 곤경에 처한 사람의 상황에 대한 생활 밀착형 설명을 준비하는 편이 유리한 전략임을 알 수 있다.

일본유니세프 광고는 한 아이를 강조하여 찍은 사진에 "단 하나의 백신으로 살아나는 생명이 있다."라는 문구가 붙어 있다. 이런 아이디어가 행동을 촉발시킨다. 좋은 결과를 얻으려면 보다 효과적인 방법을 아는 것이 중요하다. 그것을 가볍게 여기면 실책으로 이어진다.

사회심리학 관련 바이어스

왜, 굳이 줄을 서면서까지 그 가게의 라면을 먹으려고 할까?

17

동조 바이어스
Conformity Bias

의미	다른 사람의 행동을 참고하여 자기 행동을 바꾸는 것.
관련	밴드웨건 효과(→246쪽)

인기 있는 가게의 줄이 더욱 길어지는 이유

당신은 축제에 갔다. 붕어빵 푸드트럭 2개가 나란히 있었다. 같은 체인점인 듯하고 가게 형태도 똑같다. 그러나 한쪽에는 손님들이 줄을 쭉 서 있는데 다른 한쪽에는 손님이 한 명도 없다. 과연 당신은 어느 쪽 푸드트럭에서 붕어빵을 살까?

급할 때라면, 다행이라고 생각하며 손님이 없는 가게에서 살지도 모른다. 하지만 대부분의 사람들은 이렇게 생각하지 않을까?

'두 가게가 똑같은 것 같은데, 왜 이쪽 가게에는 아무도 줄을 서지 않을까? 뭔가 좋지 않은 것이 있는 것 아닐까?'

똑같은 상품이라면 빨리 살 수 있는 것이 좋을 텐데, 한쪽에만 줄을 서 있다면, 아무도 줄을 서 있지 않은 가게에 불안을 느끼는 사람이 적지 않을 것이다. 그런 사람들이 줄을 서 있는 사람이 많은 쪽 가게를 선택한 결과 대기 줄은 더욱 길어지는 것이다.

이처럼 주위에 다른 사람이 있을 때, 그 사람이 어떻게 하는지 참고하여 똑같은 행동하는 것을 '동조 바이어스'라고 한다.

동조하라는 압력

동조란 '타인의 행동이나 사고방식에 맞추는 것'인데 여기에는 두 가지 메커니즘이 있다.

첫 번째는 타인의 행동을 정보로 이용하는 것이다. 이것은 붕어빵 푸드트럭 예처럼, 다른 사람들이 길게 줄을 서 있으면 맛있는 가게일 것이라고 추측하여 자기도 거기에 줄을 서는 것 등이 해당한다.

두 번째는 타인의 행동과 사고방식을 규범으로 받아들여 똑같이 행동하는 것이다. 이 경우, 타인의 행동이나 사고방식은 행동을 제한하는 압력으로 작용하는 경우가 많다. 예를 들어 업무 시간이 끝나고 오늘 처리해야 하는 업무도 끝났지만 다른 사람들이 아직 회사로 돌아오지 않아 어쩔 수 없이 나도 야근을 하는 일 등이 해당된다.

우리나라는 영미권에 비해 자기 의견을 말하기보다 집단의 화합을 중시하는 경향이 있다. 그런 문화 속에서 나의 의견이 달라도 차마 말하지 못하고 동조했던 경험은 누구에게나 있을 것이다.

동조에 대한 압력을 조사한 실험이 있다(Asch, 1951, 1955). 대학생 7~9명을 하나의 그룹으로 실험실에 모아 길이가 다른 3개의 직선이 그려진 카드를 보여주었다. 동시에 다른 한 장, 직선이 1개만 그려진 카드를 보여주고 첫 번째 카드의 어느 선과 길이가 같다고 생각하는지 그룹 전원이 순서대로 구두로 대답해달라고 요청했다(<그림1>).

다른 사람의 답에 동조한 결과 간단한 문제조차 틀리게 된다

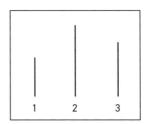

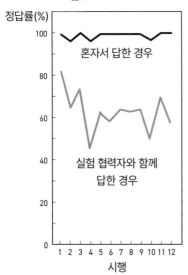

혼자일 때는 대부분 틀리지 않는 문제도
협력자에게 동조한 결과
정답률이 크게 떨어진다.

사실, 이 실험의 진짜 참가자는 1명뿐이고 나머지는 실험 협력자였다. 협력자들은 처음 두 번은 정답을 말하지만, 세 번째 과제에서는 전원이 똑같이 잘못된 선택을 한다. 그때 실험 참가자는 마지막에서 두 번째 순서에 대답하도록 설정되어 있었다.

이 실험의 결과, 1명이라면 실수할 수 없을 정도로 선의 길이가 뚜렷

하게 달랐음에도 오답률이 36.8%나 되었다. 열두 번의 시도 중 단 한 번도 협력자에게 동조하지 않은 참가자는 25%였다(<그림2>).

직선의 길이라는 명백한 차이가 보이는 문제조차도 타인의 응답에 영향을 받지 않고 정답을 말할 수 있는 사람은 4명 중 1명이었다고 하므로, 훨씬 복잡한 사건이라면 한층 동조하기 쉬워질 것은 상상하기 어렵지 않다.

또한 과제의 종류에 따라서는, 본인 이외에 전원의 의견이 일치하고 있는 경우에 동조가 일어나기 쉬워진다(Allen, 1975).

실생활에 숨어 있는 동조의 위험

동조 바이어스는 실생활에서 어떤 영향을 미칠까?

동조는 재해가 발생한 경우 같은 긴급상황에 두드러지게 나타난다고 한다. 예를 들어 사람이 많은 극장에서 불이 났을 때 공포에 질려 극장에서 탈출하려는 사람이 있으면 동조한 사람들이 한꺼번에 출구로 몰려들어 압사하는 등, 오히려 피해가 커지는 것으로 알려져 있다.

어떤 테마파크에서 큰 지진이 발생하자 퍼레이드 중이던 캐릭터 인형탈 직원들이 머리를 감싸고 그 자리에 쪼그려 앉으라고 손님에게 요청하여 혼란을 피한 사례도 있다(JCAST 뉴스, 2020). 이 경우는 캐릭터들에게 동조한 손님의 행동이 좋은 방향으로 작용한 예이다.

동조 바이어스는 반드시 나쁘지는 않으며, 잘 이용하면 좋은 결과를 낳기도 한다. 중요한 것은 정확한 지식과 제대로 이용하는 기술을 익히는 것인데, 그것이 완성되지 않았기 때문에 좋지 않은 결과를 초래하는 것이다.

여론조사의 승패 예상은 선거 결과에
어떤 영향을 미칠까?

사회심리학 관련
바이어스

18

밴드웨건 효과

Bandwagon Effect

의미	선택지가 여럿 있는 경우에 많은 사람이 같은 선택지를 선택함으로써 그 선택지를 선택하려는 사람이 더욱 늘어나는 현상.
관련	동조 바이어스(→242쪽)

동조 바이어스와 밴드웨건 효과

다른 사람의 행동을 참고하여 동조하는 것은 나의 안전을 확보하는 데 큰 효과가 있다. 예를 들어 사람들이 모두 하늘을 올려다보고 있는 데 혼자만 모른다면 그 사람만 낙하물을 피할 수 없을 수도 있다.

행동이든 감정이든, 동조하는 것은 위험을 낮추는 데 중요하다. 비상 상황에 정확한 판단을 하지 못하게 되거나 하는 위험도 생기지만, 동조 바이어스 자체는 나쁜 것이 아니다.

동조 바이어스 중에서도 특히 투표 행동이나 구매·소비 행동에서 뚜렷하게 나타나는 특징을 밴드웨건 효과라고 한다. 동조 바이어스의 한 측면으로 보면 된다. 밴드웨건이란 축제 퍼레이드를 벌일 때 행렬의 맨 앞에 선, 악단을 태운 차를 가리킨다. '밴드웨건을 타다'라는 표현

2009년, 위스콘신주 밀워키에서 열린 퍼레이드의 밴드웨건.

은 '유행을 타다' '유리한 쪽에 붙다'라는 의미로 사용된다.

인기 있는 사람은 인기가 있기 때문에 모두에게 사랑받는다?

일본 속담에 '긴 것에는 감아라'라는 말이 있다. 강한 권력을 가진 자나 큰 세력에는 적대하는 것보다 그 밑으로 들어가는 것이 좋다는 처세술을 설파한 것이다. 선거에서 '압도적 우세' '당선 확실' 등으로 보도된 후보에 더 많은 표가 모이는 것도 이 말이 나타내는 상황이 실제로 사회에서 일어나는 예라고 할 수 있다. 여론조사의 승패 예상이 득표수의 차이를 더욱 크게 한다는 것도 조사 결과 이미 밝혀졌다 (Noelle-Neumann et al., 2004).

이런 현상에 대해 열세인 자들이 열세를 자각함으로써 침묵하고 우세한 자들의 목소리가 커진 결과 열세인 자들의 목소리가 점점 작아진다는 '침묵의 나선' 이론도 제시되고 있다(Noelle-Neumann, 1993). 거기에는 '모두가 선택한다면 안심할 수 있다'는 생각이 존재하고 있다고 볼 수 있다.

가까운 예로 생각하면, 반에서 인기 있는 사람은 많은 사람이 그 사람을 좋아한다고 표명한 것으로, 성격이든 외모든 이른바 '다른 사람의 판단에 의한 보증'이 끝난 상태라고 할 수 있다. 따라서, 지금까지 접한 적이 없었던 사람도, 이렇게 많은 친구들이 좋아한다면 이 사람에게는 그만큼의 가치가 있을 것이라고 판단한다. 결과적으로 더욱 인기가 높아지는 밴드웨건 효과를 볼 수 있는 것이다.

모두 갖고 있는 것은 나도 갖고 싶다?

어렸을 적에 장난감이나 게임기 등을 '다른 애들이 모두 갖고 있으니까 사주세요' 하고 부모님을 졸라댔던 경험이 있는가?

이런 행동을 일으키는 요인에 대해서는 몇 가지를 추측할 수 있다. 친구와 이야기가 통하지 않게 된다든지, 같은 것을 나도 해보고 싶다든지, 자신의 요구를 들어주는지 여부로 부모님이 나를 얼마나 사랑하는지 시험해보고 싶다 등이다.

행동의 요인은 하나가 아니며 대개는 다양한 것이 동시에 존재한다. 그중에 '다른 사람들이 모두 갖고 있으니까 좋은 물건일 거야. 좋은 물건인 것 같은데 나만 갖고 있지 못하는 것은 싫어'라는 밴드웨건 효과에 의해 생기는 동기도 포함된다. 그것은 일종의, 안심을 추구하는 행동이기도 하다.

반면에 '주변 사람들과 같아지고 싶지 않다'는 가치관도 당연히 존재한다. 예를 들어 희소성이 높은 한정품을 갖고 싶어 하는 사람은 이런 생각이 강한 것이다. 밴드웨건 효과와 정반대인 이런 현상을 '속물 효과(스놉 효과snob effects)'라고 한다(Leibenstein, 1950). 모두 갖고 있기 때문에 갖고 싶은 것이 아니라, 모두가 갖고 있지 않기 때문에 갖고 싶은 것이다.

구매를 촉진하는 또 하나의 메커니즘인 심리적 반발도 효과를 발휘

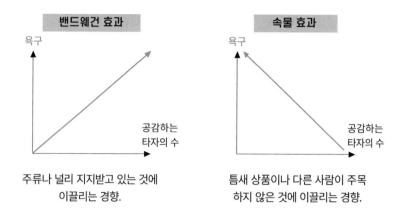

밴드웨건 효과와 속물 효과의 차이

밴드웨건 효과

욕구

공감하는
타자의 수

주류나 널리 지지받고 있는 것에
이끌리는 경향.

속물 효과

욕구

공감하는
타자의 수

틈새 상품이나 다른 사람이 주목
하지 않은 것에 이끌리는 경향.

한다. 한정 생산·기간 한정 상품 등의 이유로 쉽게 살 수 없게 되면 원래는 자유로웠을 구매라는 행동이 제한된 것처럼 느끼며, 그 권리를 되찾으려고 반발한다. 그 결과 구매 행동이 촉진되는 것이다.

마케팅에서 밴드웨건 효과 사용법

많은 사람들이 지지함으로써 그 지지가 더욱 굳어진다는 밴드웨건 효과는 특히 마케팅 현장에서 많이 사용된다.

흔히 쓰이는 수법이 'O만 명이 애용하고 있다', '티켓이 O분만에 매진되었다'는 식으로 판매를 어필하는 것이다. 일부러 가게의 좌석 수를 줄여서 사람들이 밖에 줄을 서게 함으로써 지나가는 사람에게 인기 있는 가게라고 생각하게 하거나 선반의 상품을 매진인 채로 비워두어 이 상품이 매진될 정도로 인기가 있나 보다, 하는 느낌을 주는 것도 많이 사용되는 테크닉이다. 이런 것들을 알고 있으면, 마케팅에 휘둘려 헛된 소비를 하지 않게 될 것이다.

우물 안 개구리가 세상 밖으로 나가기 위해
반드시 알아야 할 고통.

19

더닝-크루거 효과

Dunning-Kruger Effect

의미	지식이 없는 사람일수록 자기에게 능력이 있다고 과대평가하는 효과. 반면에 지식이 풍부하거나 능력이 높은 사람은 주변 사람들도 자기와 같을 것으로 생각하여 자기를 과소평가한다.
관련	

우물 안 개구리 효과

학창 시절에 밴드를 만들어본 사람이 상당히 많을 것이다. 친한 친구와 함께 학교 문화제에서 연주를 선보여 성취감도 얻고 좋은 추억도 된다. '우리, 꽤 잘하는데?' 이런 생각도 들었을 것이다.

여기까지는 많은 사람에게 공통되는 경험일 것이다.

그러나 그중에는 "꽤 잘한다"는 생각에 더 넓은 세계로 나아가려는 사람들도 있다. 학교 문화제에서, 길거리를 지나가는 사람들 앞에서 연주를 하는 거리 이벤트, 음악을 좋아하는 사람이 모이는 라이브 하우스, 이왕 이렇게 되었으니 오디션에도 음원을 보내볼까, 하는 느낌으로 생각이 확장되어갈 것이다. 그러나 그런 과정에서 반드시라고 해도 과

언이 아닐 정도로 모두가 직면하는 사건이 있다.

'우리보다 뛰어난 사람이 세상에는 많다는 것을 아는' 것이다.

그래도 밖으로 나가려고 생각한 밴드는 다행이다. 문제는, 좁은 세계에서 '우린 정말 대단해!' 하고 계속 생각하고 있는 밴드다. 물론, 아마추어로 즐기는 것이라면 상관없다. 그러나 프로를 지향하고 싶다고 생각하는 경우, '우물 안 개구리'로 계속 살아가는 동안 데뷔는 영영 물 건너갈 것이다.

이처럼 지식이 부족하여 자기 능력을 과대평가하는 바이어스를, 주장한 두 사람의 연구자 이름을 따서 '더닝-크루거 효과'라고 한다(Kruger and Dunning, 1999).

더닝 - 크루거 효과가 생기는 원인

더닝-크루거 효과가 생기는 원인으로는 '메타인지'를 하지 못하는 것이 제시된다.

'메타'란 '보다 고차원'이라는 의미로, 자기가 인지하고 있음을 객관적으로 파악하는 것이다. 즉 '인지를 인지하는 것'으로 설명할 수 있다. 따라서 메타인지를 하지 못한다는 것은 자기를 객관적으로 보지 못한다는 것이다. 그래서 나의 능력이 부족하다는 사실이나 능력이 얼마나 부족한지 정확히 인식할 수 없다. 이런 사람은 자기뿐만 아니라 타인에 대해서도 올바르게 파악하지 못한다.

한편, 적절한 훈련을 통해 이런 문제가 해소된다는 것도 명백해졌다. 즉, 이 바이어스에 빠지는 사람은 외부 세계를 모를 뿐만 아니라 실력을 정확히 평가할 지식이나 기술도 없는데, 필요한 것을 익힘으로써 이 바이어스에서 벗어날 수 있는 것이다.

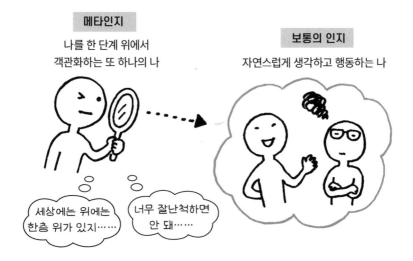

따라서 문화 축제에서 너무 잘했다며 만족해버리는 프로 지망 밴드도, 자기들 연주와 다른 밴드의 연주를 비교하거나 보다 고도의 테크닉을 익힘으로써 우물 안 개구리를 벗어날 수 있다고 말할 수 있다.

더닝-크루거 효과가 발생하는 상황

더닝-크루거 효과를 주장한 논문에서, 그들은 학생들에게 지적인 스킬이나 영어 문법 능력, 유머 센스를 자기평가하게 하고 학급 안에서 순위를 예상하게 했다.

그 결과, 정확히 알아맞힐 수 있는 실험 참가자는 대단히 적다는 것을 알았다. 이에 대해 연구자들은 '그 사건에 대해 미숙하며, 익숙하지 않아 정확한 판단을 하지 못하고 자신의 힘을 과대평가하는 경향이 있다'라고 결론 내렸다.

그 결과에 대해, 좀 더 심도 깊은 실험을 한 연구자들이 있었다. 연

	점수가 낮은 사람	점수가 높은 사람
간단한 과제	점수가 높다고 착각	정확히 평가
어려운 과제	정확히 평가	점수가 낮다고 착각

구해보니, 간단한 과제에서는 성적이 나쁜 사람일수록 좋은 성적이라고 착각하고, 성적이 좋은 사람일수록 자기 성적을 정확하게 평가한다는 것이 명백해져서 더닝-크루거 효과를 뒷받침했다.

한편, 어려운 과제에서는 약간 달랐는데, 성적이 좋은 사람일수록 성적이 나쁘다고 착각하고 성적이 나쁜 사람은 정확하게 평가한다는 것이 명백해졌다(Burson, et al., 2006). 과제의 난이도에 따라 더닝-크루거 효과가 나타나는 방식이 달라지는 것이다.

내가 성취하고 싶은 것이 있을 때 나의 미숙함과 능력 부족을 인정하기는 힘들다. 그러나 정말로 더 잘하고 싶은 소망이 있다면 이 바이어스에 사로잡히면 안 된다.

지금은 최고의 자리에 올라 있는 아티스트들도 예전에 라이브 공연 중에 관중들로부터 '환불해라!' 하고 야유를 받는 등, 뼈아픈 과거가 있었다는 에피소드도 적지 않다. 그러나 좌절하지 않고 과감하게 더 넓은 세계로 나가고 최선을 다해 노력한 결과 지금의 자리에 있다는 것을 반드시 알아두자.

상대방 입장에서 생각할 수 있게 되면 살기 좋은
환경을 얻을 수 있다.

20

지식의 저주

Curse of Knowledge

의미	다양한 분야에서, 지식 있는 사람이 지식 없는 사람 입장에서 생각하기 힘든 현상.

관련	더닝-크루거 효과(→ 250쪽)

아이에게 공부를 가르치기는 힘들다

요즘 교육 현장에서 이런 이야기가 있다고 한다.

'잔돈'이 뭔지 모르는 아이가 있다는 것이다. 주로 초등학교 저학년 이하에게 많다는데, 그 이유가 무엇인지 곧바로 정답을 내놓는 것은 어른들에게는 약간 어렵다.

답은 '전자화폐가 보급됨에 따라 현금으로 지불하지 않는 일이 늘어났기 때문'이다.

어느 정도 성장한 후에 전자화폐가 등장한 세대인 어른들은 그것으로 지불하는 장점의 하나로 '잔돈을 받지 않아도 된다'는 것을 체험으로 알고 있다. 잔돈 액수가 틀리거나 지갑이 너무 두툼해지는 일도 없어져서 편리해졌다고 느꼈을 것이다.

그러나 어느 정도 전자화폐가 보급되어 있는 시대만 살아온 어린이 세대는 집에서도 카드나 스마트폰으로 계산하는 것을 보면서 자랐다. 그 결과, 아이들은 현금 지불 자체를 모르며 잔돈이라는 개념이 존재하지 않는다. 그런 세대가 탄생함으로써 초등학교 선생님은 '잔돈'이 무엇인지부터 설명을 해야 하게 된 것이다.

상대방의 배경을 생각한다

지식은 개인이나 세대 사이에 크게 달라진다.

그러나 그 차이를 깨닫지 못하고, 내가 알고 있는 건 다른 사람도 알고 있으리라 착각하고, 지식이 없는 사람 입장에서 사건을 생각하지 못하는 현상을 '지식의 저주'라고 한다(Heath, et al., 2007).

'지식의 저주'에 관한 실제 예로는 엘리자베스 뉴턴Elizabeth Newton이 1990년에 수행한 '태퍼-리스너 실험'이 있다.

2명이 한 팀을 이룬 실험 참가자 중에서, 한 사람이 머릿속으로 어떤 유명한 곡을 떠올린다. 그리고, 그 리듬대로 테이블을 두드리고(두드리는 사람, 태퍼) 그것을 들은 다른 한 사람(듣는 사람, 리스너)에게 곡명을 맞추게 하는 것이다.

들은 사람은 실제로는 약 2%밖에 정답을 맞추지 못했는데, 두드린 사람은 50% 정도가 정답을 맞출 것으로 예상하고 있었다.

이렇게, 곡을 떠올리면서 테이블을 두드린 사람은 간단히 생각할 수 있는 것이라도, 그렇지 않은 사람은 곡을 알고 있더라도 리듬과 연관짓기는 어려웠던 것이다.

다른 사람 입장에서 사건을 보는 것이 얼마나 힘든지를 명확히 나타낸 실험이다.

다른 사람 입장에서 생각하기가 얼마나 어려운지 알 수 있는 '태퍼-리스너 실험'

듣는 사람(리스너)	두드린 사람(태퍼)
두드린 사람이 떠올린 곡명을 맞춘다	유명한 곡의 리듬을 두드린다

정답률은 2% 정도   절반은 정답을 맞출 것이라고 예상

내가 당연하다고 생각하는 것이 반드시 타자에게도 해당되지는 않는다.

저주를 풀다

이 책을 다 읽으면 독자 여러분은 바이어스에 대해 상당한 지식을 갖추게 될 것이다. 이제 '바이어스에 대한 지식이 없는 사람들'로 눈길을 돌려보자.

그들은 우리의 인식에 많은 바이어스가 존재한다는 것도, 무의식적으로 그것에 빠져버린다는 것도, 그것이 어떤 메커니즘에서 발생하는지도 모른다. 그리고 자기 안에도 존재하는 그런 인지적 왜곡이 차별로 이어지고 있다는 것도 모른다.

이런 경우, 내가 차별하는 쪽인지 차별당하는 쪽인지는 관계 없다.

아니, '차별'을 하고 있거나 당하고 있다는 의식조차 없을 것이다.

바이어스는 인간이 환경에 적응하기 위해 학습한 것이므로 생기는 것 자체는 나쁘지 않다. 그중에는 스스로를 지켜주는 케이스도 있다. 그러나 차별이나 다른 사람과의 마찰에서 좋지 않은 일을 일으킬 가능성이 높은 것도 사실이다.

지식이 있기 때문에 발생하는 '저주'가 존재한다는 것을 알고, 이런 '저주'에서 스스로를 해방하는 것이 여러분에게는 매우 중요하다.

편향된 사고방식을 가진 지인을 '참 싫은 사람이다'라고 외면해버리지 말고, 바이어스에 빠져 있음을 깨닫지 못하고 있을지도 모른다고 생각하는 것이 저주를 깨는 첫걸음이 된다.

대부분의 인지 바이어스는 무의식적으로 작용한다. 그러므로 지식이 없는 상태에서는 깨닫기도 힘들고, 막기도 힘들다.

지식의 저주 바이어스는 메타인지를 하지 못하면 발생한다. 메타인지에는 '지식'과 '기능'이 있다. 당신은 이 책을 읽음으로써 바이어스에 관한 '지식'을 얻었다. 그다음에는 바이어스에 빠지지 않도록 사고를 컨트롤하는 '기술'을 습득하여 잘 사용하는 것을 목표로 삼자. 또한, 지식이 없어서 바이어스에 빠지는 사람이 있다는 것을 이해하고 거기서 빠져나오도록 도와줄 수 있다면 가장 좋을 것이다.

단번에 극적인 효과는 얻을 수 없겠지만 포기하지 말고 꾸준히 노력해주기 바란다. 바이어스에 빠지지 않고 사고하는 사람이 더 많아진다는 것은 우리가 살아가는 데 좀 더 좋은 환경이 갖춰진다는 뜻이기도 하니까 말이다.

참고문헌

제1부

01.

Edward Damer, Attacking Faulty Reasoning: A Practical Guide to Fallacy-Free Arguments, Cengage Learning, 2008.

Bowell Tracy and Kemp Gary, Critical Thinking: A Concise Guide, Routledge, 2015.

Eugen Zechmeister and James Johnson, Critical Thinking: A Functional Approach, A Division of International Thompson Publishing, 1992. [E. B. ゼックミスタ/J. E. ジョンソン(宮元博章/道田泰司/谷口高士/菊池聡訳)『クリティカルシンキング実践篇』北大路書房, 1997年.]

高橋昌一郎『哲学ディベート』NHK出版(NHKブックス), 2007年.

高橋昌一郎(監修)・三澤龍志「みがこう!論理的思考力」『Newton』ニュートンプレス, pp.114-117, 2020年 9月号.

02.

Dominic Hyde and Diana Raffman, "Sorites Paradox", in The Stanford Encyclopedia of Philosophy, edited by Edward N. Zalta, <https://plato.stanford.edu/archives/sum2018/entries/sorites-paradox/>, 2018.

高橋昌一郎(監修)『絵でわかるパラドックス大百科 増補第二版』ニュートンプレス, 2021年.

吉満昭宏「ソリテス・パラドクス」飯田隆(編)『論理学の哲学』講談社, 2005年.

新村出(編)『広辞苑』岩波書店, 第七版, 2018年.

03.

Robert Audi, The Cambridge Dictionary of Philosophy, Cambridge University Press, 1999.

Irvinc Copi, Introduction to Logic, Macmillan, 1961.

Bowell Tracy and Kemp Gary, Critical Thinking: A Concise Guide, Routledge, 2015.

Anthony Weston, A Rulebook for Arguments, Hackett Publishing Company, 2018. [アンソニー・ウェストン(古草秀子訳)『論証のルールブック』筑摩書房(ちくま学芸文庫), 2019年]

新村出(編)『広辞苑』岩波書店, 第七版, 2018年.

04

Irvinc Copi, Introduction to Logic, Macmillan, 1961.

Bowell Tracy and Kemp Gary, Critical Thinking: A Concise Guide, Routledge, 2015.

Anthony Weston, A Rulebook for Arguments, Hackett Publishing Company, 2018. [アンソニー・ウェストン(古草秀子訳)『論証のルールブック』筑摩書房(ちくま学芸文庫), 2019年.]

高橋昌一郎(監修)・三澤龍志「みがこう!論理的思考力」『Newton』ニュートンプレス, pp.116-119, 2021年2月号.

新村出(編)『広辞苑』岩波書店, 第七版, 2018年.

05.

Edward Damer, Attacking Faulty Reasoning: A Practical Guide to Fallacy-Free Arguments, Cengage Learning, 2008.

Bowell Tracy and Kemp Gary, Critical thinking: A Concise Guide, Routledge, 2015.
Eugen Zechmeister and James Johnson, Critical Thinking: A Functional Approach, A Division of International Thompson Publishing, 1992.[E.B.ゼックミスタ/J.E.ジョンソン(宮元博章/道田泰司/谷口高士/菊池聡訳)『クリティカルシンキング 実践篇』北大路書房, 1997年.]
坂原茂『日常言語の推論』東京大学出版会, 1985年.

06.
Irvinc Copi, Introduction to Logic, Macmillan, 1961.
Edward Damer, Attacking Faulty Reasoning: A Practical Guide to Fallacy-Free Arguments, Cengage Learning, 2008.
Anthony Weston, A Rulebook for Arguments, Hackett Publishing Company, 2018.[アンソニー・ウェストン(古草秀子訳)『論証のルールブック』筑摩書房(ちくま学芸文庫), 2019年.]
Eugen Zechmeister and James Johnson, Critical Thinking: A Functional Approach, A Division of International Thompson Publishing, 1992. [E.B.ゼックミスタ/J.E.ジョンソン(宮元博章/道田泰司/谷口高士/菊池聡訳)『クリティカルシンキング 実践篇』北大路書房, 1997年.]
高橋昌一郎(監修)・三澤龍志「みがこう!論理的思考力」『Newton』ニュートンプレス, pp.108-111, 2020年12月号.

07.
Edward Damer, Attacking Faulty Reasoning: A Practical Guide to Fallacy-Free Arguments, Cengage Learning, 2008.
高橋昌一郎『感性の限界』講談社(講談社現代新書), 2012年.
高橋昌一郎『反オカルト論』光文社(光文社新書), 2016年.

08
Bowell Tracy and Kemp Gary, Critical Thinking: A Concise Guide, Routledge, 2015.
Amos Tversky and Daniel Kahneman, "Belief in The Law of Small Numbers," Psychological Bulletin: 76, 105-110, 1971.
市川伸一(編)『認知心理学4：思考』東京大学出版会, 1996年.
高橋昌一郎(監修)『絵でわかるパラドックス大百科 増補第二版』ニュートンプレス, 2021年.
服部雅史/小島治幸/北神慎司『基礎から学ぶ認知心理学：人間の認識の不思議』有斐閣(有斐閣ストゥディア), 2015年.

09.
Hans Hansen, "Fallacies," in The Stanford Encyclopedia of Philosophy, edited by Edward N. Zalta,<https://plato.stanford.edu/archives/sum2020/entries/fallacies/>, 2020.
Bowell Tracy and Kemp Gary, Critical Thinking: A Concise Guide, Routledge, 2015.
Anthony Weston, A Rulebook for Arguments, Hackett Publishing Company, 2018.[アンソニー・ウェストン(古草秀子訳) 『論証のルールブック』筑摩書房(ちくま学芸文庫), 2019年.]
Eugen Zechmeister and James Johnson, Critical Thinking: A Functional Approach, A Division of International Thompson Publishing, 1992. [E.B.ゼックミスタ/J.E.ジョンソン (宮元博章/道田泰司/谷口高士/菊池聡訳)『クリティカルシンキング 実践篇』北大路書房, 1997年.]
伊勢田哲治『哲学思考トレーニング』筑摩書房(ちくま新書), 2005年.

10.

Edward Damer, Attacking Faulty Reasoning: A Practical Guide to Fallacy-Free Arguments, Cengage Learning, 2008.

Hans Hansen, "Fallacies," in The Stanford Encyclopedia of Philosophy, edited by Edward N. Zalta,<https://plato.stanford.edu/archives/sum2020/entries/fallacies/>, 2020.

Bowell Tracy and Kemp Gary, Critical Thinking: A Concise Guide, Routledge, 2015.

高橋昌一郎(監修)・三澤龍志 'みがこう!!論理的思考力」『Newton』ニュートンプレス, pp.112-115, 2021年1月号.

11.

Edward Damer, Attacking Faulty Reasoning: A Practical Guide to Fallacy-Free Arguments, Cengage Learning, 2008.

Bowell Tracy and Kemp Gary, Critical Thinking: A Concise Guide, Routledge, 2015.

Eugen Zechmeister and James Johnson, Critical Thinking: A Functional Approach, A Division of International Thompson Publishing, 1992. [E.B.ゼックミスタ/J.E.ジョンソン (宮元博章／道田泰司／谷口高士／菊池聡訳)『クリティカルシンキング 実践篇』北大路書房, 1997年.]

伊勢田哲治／戸田山和久／調麻佐志／村上祐子(編)『科学技術をよく考える クリティカルシンキング練習帳』名古屋大学出版会, 2013年.

高橋昌一郎(監修)・三澤龍志「みがこう!論理的思考力」『Newton』ニュートンプレス, pp.112-115, 2021年 1月号.

12.

Edward Damer, Attacking Faulty Reasoning: A Practical Guide to Fallacy-Free Arguments, Cengage Learning, 2008.

Eugen Zechmeister and James Johnson, Critical Thinking: A Functional Approach, A Division of International Thompson Publishing, 1992.[E.B.ゼックミスタ/J.E.ジョンソン(宮元博章／道田泰司／谷口高士／菊池聡訳)『クリティカルシンキング 入門篇』北大路書房, 1996年.]

高橋昌一郎『自己分析論』光文社(光文社新書), 2020年.

13.

Robert Audi, The Cambridge Dictionary of Philosophy, Cambridge University Press, 1999.

Diogenis Laertii, Vitae Philosophorum, 2vols., edited by Herbert Long, Oxford University Press, 1964.[ディオゲネス・ラエルティオス(加来彰俊訳)『ギリシア哲学者列伝・上』岩波書店, 1984年.]

Bowell Tracy and Kemp Gary, Critical Thinking: A Concise Guide, Routledge, 2015.

山本光雄／戸塚七郎(訳編)『後期ギリシア哲学者資料集』岩波書店, 1985年.

14.

Daniel Kahneman and Amos Tversky, "Subjective Probability: A Judgment of Representativeness," Cognitive Psychology: 3, 430-454, 1972.

Amos Tversky and Daniel Kahneman, "Extensional versus Intuitive Reasoning: The Conjunction Fallacy in Probability Judgement," Psychological Review: 90, 293-315, 1983.

御領謙／菊地正／江草浩幸／伊集院睦雄／服部雅史／井関龍太『最新 認知心理学への招待 改訂

260　인지 바이어스 60

版』サイエンス社, 2016年.

高橋昌一郎(監修)・三澤龍志「みがこう!論理的思考力」『Newton』ニュートンプレス, pp.112-115, 2020年10月号.

服部雅史／小島治幸／北神慎司『基礎から学ぶ認知心理学：人間の認識の不思議』有斐閣(有斐閣ストゥディア), 2015年.

15.

Edward Damer, Attacking Faulty Reasoning: A Practical Guide to Fallacy-Free Arguments, Cengage Learning, 2008.

Michael Geis and Arnold Zwicky, "On Invited Inferences," Linguistic Inquiry: 2, 561-566, 1971.

Anthony Weston, A Rulebook for Arguments, Hackett Publishing Company, 2018.[アンソニー・ウェストン(古草秀子訳)『論証のルールブック』筑摩書房(ちくま学芸文庫), 2019年.]

伊勢田哲治『哲学思考トレーニング』筑摩書房(ちくま新書), 2005年.

坂原茂『日常言語の推論』東京大学出版会, 1985年.

16.

Edward Damer, Attacking Faulty Reasoning: A Practical Guide to Fallacy-Free Arguments, Cengage Learning, 2008.

Bowell Tracy and Kemp Gary, Critical Thinking: A Concise Guide, Routledge, 2015.

Eugen Zechmeister and James Johnson, Critical Thinking: A Functional Approach, A Division of International Thompson Publishing, 1992.[E.B.ゼックミスタ／J.E.ジョンソン(宮元博章／道田泰司／谷口高士／菊池聡訳)『クリティカルシンキング 実践篇』北大路書房, 1997年.]

坂原茂『日常言語の推論』東京大学出版会, 1985年.

高橋昌一郎『東大生の論理』筑摩書房(ちくま新書), 2010年.

17.

Robert Audi, The Cambridge Dictionary of Philosophy, Cambridge University Press, 1999.

Max Black, Critical Thinking, Prentice-Hall, 1980.

Edward Damer, Attacking Faulty Reasoning: A Practical Guide to Fallacy-Free Arguments, Cengage Learning, 2008.

坂本百大／坂井秀寿『新版：現代論理学』東海大学出版会, 1971年.

高橋昌一郎(監修)・三澤龍志「みがこう!論理的思考力」『Newton』ニュートンプレス, pp.112-115, 2020年11月号.

18.

John Anderson, Cognitive Psychology and Its Implications, W. H. Freeman and Company, 1980. [J.R.アンダーソン (富田達彦／増井透／川崎恵里子／岸学訳)『認知心理学概論』誠信書房、1982年]

Jonathan Evans, Julie Barston and Paul Pollard, "On the Conflict between Logic and Belief in Syllogistic Reasoning," Memory & Cognition: 11(3), 295-306, 1983.

市川伸一(編)『認知心理学4：思考』東京大学出版会, 1996年.

戸田山和久『論理学をつくる』名古屋大学出版会, 2000年.

中島秀之／高野陽太郎／伊藤正男『思考』岩波書店, 1994年.

19.

John Anderson, Cognitive Psychology and Its Implications, W. H. Freeman and Company, 1980.[J.R.アンダーソン(富田達彦／増井透／川崎恵里子／岸学訳)『認知心理学概論』誠信書房, 1982年.]

Ward Edwards, "Conservatism in Human Information Processing," in Judgment under Uncertainty: Heuristics and Biases, edited by Daniel Kahneman, Paul Slovic and Amos Tversky, Cambridge University Press, 1968.

高橋昌一郎『感性の限界』講談社(講談社現代新書), 2012年.

中島秀之／高野陽太郎／伊藤正男『思考』岩波書店, 1994年.

20.

Ernest Davis and Gary Marcus, "Commonsense Reasoning and Commonsense Knowledge in Artificial Intelligence," Communications of the ACM: 9, 92–103, 2015.

Raymond Reiter, "A Logic for Default Reasoning," Artificial Intelligence: 13(1–2), 81-132, 1980.

久木田水生／神崎宣次／佐々木拓『ロボットからの倫理学入門』名古屋大学出版会, 2017年.

高橋昌一郎『知性の限界』講談社(講談社現代新書), 2010年.

森悠貴『状況付けられたエージェントの推論活動－アブダクションと常識推論をめぐって－』新進研究者Research Note, 第1号, 2018年.

제2부

01.

Donald Hoffman, The Case Against Reality: How Evolution Hid the Truth from Our Eyes, Allen Lane, 2019. [ドナルド・sホフマン (高橋洋訳)『世界はありのままに見ることができない ― なぜ進化は私たちを真実から遠ざけたのか』青土社, 2020年]

Franz Müller-Lyer, "Optische Urteilstauschungen," Archiv fur Anatomie und Physiologie, Physiologische Abteilung: 2, 263-270, 1889.

Jaeho Shim, John van der Kamp, Brandon Rigby, Rafer Lutz, Jamie Poolton and Richard Masters, "Taking Aim at the Müller-Lyer Goalkeeper Illusion: An Illusion Bias in Action that Originates from the Target not being Optically Specified," Journal of Experimental Psychology: Human Perception and Performance: 40 (3), 1274-1281, 2014.

下條信輔『<意識>とは何だろうか：脳の来歴、知覚の錯誤』講談社(講談社現代新書), 1999年.

高橋昌一郎『知性の限界』講談社(講談社現代新書), 2010年.

02.

Kyle Mathewson, "Duck Eats Rabbit: Exactly Which Type of Relational Phrase can Disambiguate the Perception of Identical Side by Side Ambiguous Figures?" Perception: 47(4), 466-469, 2018.

Peter Brugger and Susanne Brugger, "The Easter Bunny in October: Is It Disguised as a Duck?" Perceptual and Motor Skills: 76(2), 577-578, 1993.

道又爾／北崎充晃／大久保街亜／今井久登／山川恵子／黒沢学『認知心理学: 知のアーキテクチャを探る[新版]』有斐閣(有斐閣アルマ), 2011年.

高橋昌一郎『知性の限界』講談社(現代新書), 2010年.

03.

Matthew Botvinick and Jonathan Cohen, "Rubber Hands "Feel" Touch That Eyes See," Nature: 391(6669), 756, 1998.

Henrik Ehrsson, Katja Wiech, Nikolaus Weiskopf, Raymond Dolan and Richard Passingham, "Threatening a Rubber Hand That You Feel is Yours Elicits a Cortical Anxiety Response," Proceedings of the National Academy of Sciences of the United States of America: 104(23), 9828-9833, 2007.

高橋昌一郎『自己分析論』光文社(光文社新書), 2020年.

服部雅史／小島治幸／北神慎司『基礎から学ぶ認知心理学：人間の認識の不思議』有斐閣(有斐閣ストゥディア), 2015年.

04.

Satoko Hisanaga, Kaoru Sekiyama, Tomoko Igasaki and Nobuki Murayama, "Language/Culture Modulates Brain and Gaze Processes in Audiovisual Speech Perception," Scientific Reports: 6, 35265, 2016.

Harry McGurk and John MacDonald, "Hearing Lips and Seeing Voices," Nature: 264 (5588), 746-748, 1976.

Tom Stafford and Matt Webb, Mind Hacks: Tips & Tricks for Using Your Brain, O'Reilly Media, 2004.[Tom Stafford, Matt Webb(夏目大訳)『Mind Hacks：実験で知る脳と心のシステム』, オライリージャパン, 2005年.]

道又爾／北崎充晃／大久保街亜／今井久登／山川恵子／黒沢学『認知心理学：知のアーキテクチャを探る』有斐閣(有斐閣アルマ), 2011年.

高橋昌一郎『感性の限界』講談社(講談社現代新書), 2012年.

05.

Robert Bornstein, "Exposure and Affect: Overview and Meta-Analysis of Research, 19681987," Psychological Bulletin: 106, 265-289, 1989.

William Kunst-Wilson and Robert Zajonc, "Affective Discrimination of Stimuli that cannot be Recognized," Science: 207, 557-558, 1980.

鈴木光太郎『オオカミ少女はいなかった：心理学の神話をめぐる冒険』新曜社, 2008年.

山田歩, 日本認知科学会(監修)『選択と誘導の認知科学』新曜社, 2019年.

06.

Donald Dutton and Arthur Aron, "Some Evidence for Heightened Sexual Attraction under Conditions of High Anxiety," Journal of Personality and Social Psychology: 30(4), 510-517, 1974.

Stanley Schachter and Jerome Singer, "Cognitive, Social, and Physiological Determinants of Emotional State," Psychological Review: 69, 379-399, 1962.

Michael Storms and Richard Nisbett, "Insomnia and the Attribution Process," Journal of Personality and Social Psychology: 16(2), 319-328, 1970.

下條信輔『サブリミナル・マインド：潜在的人間観のゆくえ』中央公論社(中公新書), 1996年.

下條信輔『サブリミナル・インパクト：情動と潜在認知の現在』筑摩書房(ちくま新書), 2008年.

高橋昌一郎『愛の論理学』KADOKAWA(角川新書), 2018年.

07.

Daryl Bem, "Self-Perception: An Alternative Interpretation of Cognitive Dissonance Phenomena," Psychological Review: 74(3), 183-200, 1967.
高橋昌一郎『感性の限界』講談社(講談社現代新書), 2012年.
無藤隆／森敏昭／遠藤由美／玉瀬耕治『心理学』有斐閣, 2004年.

08.

Gordon Bower, "Mood and Memory," American Psychologist: 36, 129-148, 1981.
Gordon Bower, Stephen Gilligan and Kenneth Monteiro, "Selectivity of Learning Caused by Affective States," Journal of Experimental Psychology: General: 110(4), 451–473, 1981.
大平英樹『感情心理学・入門』有斐閣(有斐閣アルマ), 2010年.
太田信夫／多鹿秀継(編著)『記憶研究の最前線』北大路書房, 2000年.

09.

Alan Brown, "A Review of the Déjà Vu Experience," Psychological Bulletin: 129(3), 394–413, 2003. Edward Titchener, A Text Book of Psychology, Macmillan, 1928.
大石和男・安川通雄・濁川孝志・飯田史彦『大学生における生きがい感と死生観の関係：PILテストと死生観の関連性』健康心理学研究, 20(2), 1-9, 2007年.
楠見孝『デジャビュ……(既視感)現象を支える類推的想起』日本認知科学会第11回大会発表論文集, 98-99, 1994年.
楠見孝『メタファーとデジャビュ(特集メタファー古くて新しい認知パラダイムを探る)』言語, 31(8), 32-37, 2002-07年.

10.

Roger Brown and David McNeill, "The 'Tip of the Tongue'Phenomenon," Journal of Verbal Learning & Verbal Behavior: 5(4), 325–337, 1966.
Gregory Jones, "Analyzing Memory Blocks," edited by Michael Gruneberg, Peter Morris and Robert Sykes, Practical aspects of memory: Current research and issues, Wiley, 1988.
Bennett Schwartz, "Sparkling at the End of the Tongue: The etiology of tip-of-the-tongue phenomenology," Psychonomic Bulletin & Review: 6, 379–393, 1999.
高橋昌一郎『反オカルト論』光文社(光文社新書), 2016年.
服部雅史／小島治幸／北神慎司『基礎から学ぶ認知心理学: 人間の認識の不思議』有斐閣(有斐閣ストゥディア), 2015年.

11.

Elizabeth Loftus and Jacqueline Pickrell, "The Formation of False Memories," Psychiatric Annals: 25, 720-725, 1995.
Elizabeth Loftus, Eyewitness Testimony, Harvard University Press, 1979.[E.F.ロフタス(西本武彦訳)『目撃者の証言』誠信書房, 1987年.]
太田信夫編『記憶の心理学と現代社会』有斐閣, 2006年.
太田信夫／多鹿秀継(編著)『記憶研究の最前線』北大路書房, 2000年 .
下條信輔『〈意識〉とは何だろうか—脳の来歴, 知覚の錯誤』講談社(講談社現代新書), 1999年.

12.

太田信夫／多鹿秀継(編著)『記憶研究の最前線』北大路書房, 2000年.

高橋昌一郎『反オカルト論』光文社(光文社新書), 2016年.

13.

Benjamin Baird, Jonathan Smallwood, Michael Mrazek, Julia Kam, Michael Franklin and Jonathan Schooler, "Inspired by Distraction: Mind Wandering Facilitates Creative Incubation," Psychological Science: 23(10), 1117-1122, 2012.

Graham Wallas, The Art of Thought, Harcourt, Brace & Co., 1926.

安西祐一郎『問題解決の心理学：人間の時代への発想』中央公論社(中公新書), 1985年.

道又爾／北崎充晃／大久保街亜／今井久登／山川恵子／黒沢学『認知心理学：知のアーキテクチャを探る[新版]』有斐閣(有斐閣アルマ), 2011年.

14.

Karl Duncker, "On Problem-Solving," translated by Lynne Lees, Psychological Monographs: 58(5), i–113, 1945.

Carl Frey and Michael Osborne, "The Future of Employment: How Susceptible are Jobs to Computerisation?" <https://www.oxfordmartin.ox.ac.uk/downloads/academic/The_Future_of_Employment.pdf>Sep. 17, 2013.

Joy Guilford, The Nature of Human Intelligence, McGraw-Hill, 1967.

安西祐一郎『問題解決の心理学：人間の時代への発想』中央公論社(中公新書), 1985年.

道又爾／北崎充晃／大久保街亜／今井久登／山川恵子・黒沢学『認知心理学: 知のアーキテクチャを探る[新版] 』有斐閣(有斐閣アルマ), 2011年.

15.

Colin Cherry, "Some Experiments on the Recognition of Speech, with One and with Two Ears," Journal of the Acoustical Society of America: 25, 975–979, 1953.

Daniel Simons and Daniel Levin, "Failure to Detect Changes to People During a Real-World Interaction," Psychonomic Bulletin and Review: 5, 644-649, 1998.

Daniel Simons and Christopher Chabris, "Gorillas in Our Midst: Sustained Inattentional Blindness for Dynamic Events," Perception: 28, 1059-1074, 1999.

道又爾／北崎充晃／大久保街亜／今井久登／山川恵子／黒沢学『認知心理学：知のアーキテクチャを探る[新版]』有斐閣(有斐閣アルマ), 2011年.

16.

Donald Broadbent and Margaret Broadbent, "From Detection to Identification: Response to Multiple Targets in Rapid Serial Visual Presentation," Perception & Psychophysics: 42, 105–113, 1987.

河原純一郎『注意の瞬き』心理学評論, 46(3), 501-526, 2003年.

服部雅史／小島治幸／北神慎司『基礎から学ぶ認知心理学:人間の認識の不思議』有斐閣(有斐閣ストゥディア), 2015年.

三浦利章／篠原一光『注意の心理学から見たカーナビゲーションの問題点』国際交通安全学会誌, 26(4), pp.259-267, 2001年.

森本文人／八木昭宏『注意の瞬き現象のメカニズム』関西学院大学「人文論究」, 60(2), pp.25-38, 2010年.

17.

Oskar Pfungst, Das Pferd der Herrn von Osten (Der Kluge Hans): Ein Beitrag Zur Experimentellen Tier-Und Menschen Psychologie, Barth, 1907. [オスカル・プフングスト (秦和子訳)『ウマはなぜ「計算」できたのか』現代人文社, 2007年.]

Robert Rosenthal and Lenore Jacobson, "Pygmalion in the Classroom," The Urban Review: 3, pp.16-20, 1968.

高橋昌一郎『反オカルト論』光文社(光文社新書), 2016年.

18.

Peter Wason, "Reasoning," edited by Brain Foss, New Horizons in Psychology: 1, Penguin Books, 1966.

内村直之／植田一博／今井むつみ／川合伸幸／嶋田総太郎／橋田浩一『はじめての認知科学』新曜社, 2016年.

高橋昌一郎『知性の限界』講談社(講談社現代新書), 2010年.

19.

Burrhus Skinner, "'Superstition' in the Pigeon," Journal of Experimental Psychology: 38(2), 168-1721, 1948.

Stuart Vyse, Believing in Magic: The Psychology of Superstition, Oxford University Press, 1997.[スチュアート・A.ヴァイス(藤井留美訳)『人はなぜ迷信を信じるのか：思いこみの心理学』朝日新聞社, 1999年.]

安西祐一郎『問題解決の心理学：人間の時代への発想』中央公論社(中公新書), 1985年.

篠原彰一『学習心理学への招待：学習・記憶のしくみを探る』サイエンス社, 1998年.

高橋昌一郎『反オカルト論』光文社(光文社新書), 2016年.

20.

Darrell Huff, How to Lie With Statistics, illustrated by Irving Geis, W. W. Norton & Company, 1954.[ダレル・ハフ(高木秀玄訳)『統計でウソをつく法：数式を使わない統計学入門』講談社(ブルーバックス), 1968年.]

Leonard Mlodinow, The Drunkard's Walk: How Randomness Rules Our Lives, Vintage Books, 2008. [レナード・ムロディナウ(田中三彦訳)『たまたま：日常に潜む「偶然」を科学する』ダイヤモンド社, 2009年.]

安西祐一郎『問題解決の心理学：人間の時代への発想』中央公論社(中公新書), 1985年.

제3부

01.

Robert Zajonc, "Attitudinal Effects of Mere Exposure," Journal of Personality and Social Psychology: 9, 1-27, 1968.

Richard Moreland and Scott Beach, "Exposure Effects in the Classroom: The Development of Affinity among Students," Journal of Experimental Social Psychology: 28, 255-276, 1992.

Daniel Perlman and Stuart Oskamp, "The Effects of Picture Content and Exposure Frequency on Evaluations of Negroes and Whites," Journal of Experimental Social

Psychology: 7, 503-514, 1971.

二宮克美／子安増生(編)『キーワードコレクション：社会心理学』新曜社, 2011年.

高橋昌一郎『愛の論理学』KADOKAWA(角川新書), 2018年.

02.

Loran Nordgren, Mary-Hunter McDonnell and George Loewenstein."What Constitutes Torture? Psychological Impediments to an Objective Evaluation of Enhanced Interrogation Tactics," Psychological Science: 22, 689-694, 2011.

Michael Sayette, George Loewenstein, Kasey Griffin and Jessica Black, "Exploring the Cold-to-Hot Empathy Gap in Smokers," Association for Psychological Science, 19, 926-932, 2008.

Timothy Wilson and Daniel Gilbert, "Affective Forecasting," Advances in Experimental Social Psychology: 35, 345-411, Academic Press, 2003.

安西祐一郎／今井むつみ他(編) 『岩波講座コミュニケーションの認知科学2：共感』岩波書店, 2014年.

越智啓太『恋愛の科学』実務教育出版, 2105年.

03.

Elliot Aronson and Darwyn Linder, "Gain and Loss of Esteem as Determinants of Interpersonal Attractiveness," Journal of Experimental Social Psychology: 1, 156-171, 1965.

David Landy and Harold Sigall, "Beauty is Talent : Task Evaluation as a Function of the Performer's Physical Attractiveness," Journal of Personality and Social Psychology, 29, 299-304, 1974.

Phil Rosenzweig, The halo effect, Simon and Schuster, 2007. [フィル・ローゼンツワイグ(桃井緑美子訳)『なぜビジネス書は間違うのか：ハロー効果という妄想』日経BP社, 2008年.]

Edward Thorndike," A Constant Error in Psychological Ratings," Journal of Applied Psychology: 4(1), 25–29, 1920.

04.

Hans Eysenck and David Nias, Astrology: Science or Superstition? Temple Smith, 1982. [H.J.アイゼンク／D.K.B.ナイアス(岩脇三良・浅川潔司共訳)『占星術：科学か迷信か』誠信書房, 1986年.]

Paul Meeh"I, Wanted—A Good Cookbook," American Psychologist: 11, 263–272, 1956.

高橋昌一郎『反オカルト論』光文社(光文社新書), 2016年.

05.

Claudia Cohen, "Person Categories and Social Perception: Testing Some Boundaries of the Processing Effects of Prior Knowledge," Journal of Personality and social Psychology: 40, 441-452, 1981.

David Hamilton, Cognitive Processes in Stereotyping and Intergroup Behavior, Psychology Press, 2017.

David Hamilton and Robert Gifford, "Illusory Correlation in Interpersonal Perception: A Cognitive Basis of Stereotypic Judgements," Journal of Experimental Social Psychology: 12, 392-407, 1976.

上村晃弘／サトウタツヤ 『疑似性格理論としての血液型性格関連説の多様性』 パーソナリティ研究:15(1), pp.33-47, 2006年.
日本赤十字社 東京都赤十字血液センター, 8月号 『ABO式血液型』〈https://www.bs.jrc.or.jp/ktks/tokyo/special/m6_02_01_01_01_detail1.html〉2020/09/06参照.

06.
Benoît Monin and Dale Miller, "Moral Credentials and the Expression of Prejudice," Journal of Personality and Social Psychology: 81(1), 33-43, 2001.
John List and Fatemeh Momeni, "When Corporate Social Responsibility Backfires: Theory and Evidence from a Natural Field Experiment," National Bureau of Economic Research, No. 24169, 2017.
有光興記／藤澤文(編著) 『モラルの心理学：理論・研究・道徳教育の実践』北大路書房, 2015年.
高橋昌一郎『反オカルト論』光文社(光文社新書), 2016年.

07.
Edward Jones and Victor Harris, "The Attribution of Attitudes," Journal of Experimental Social Psychology: 3, 2-24, 1967.
Edward Jones and Richard Nisbett, The Actor and the Observer: Divergent Perceptions of the Causes of Attribution: Perceiving the Causes of Behavior, General Learning Press, 1972.
David Myers, Social Psychology, McGraw-Hill, 1987.
Lee Ross, The Intuitive Psychologist and Its Shortcomings: Distortions in the Attribution Process, Advances in experimental social psychology, edited by Leonard Berkowitz, Academic Press, 174-221, 1977.
吉田寿夫『 人についての思い込み I』 北大路書房, 2002年.

08.
Henri Tajfel, Michael Billig, Roert Bundy and Claude Flament, Social Categorization and Intergroup Behavior, European journal of Social Psychology: 1, 149-178, 1971.
Muzafer Sherif, O.J.Harvey, Jack White, William Hood and Carolyn Sherif, The Robbers Cave Experiment: Intergroup Conflict and Cooperation, Wesleyan University Press, 1988.
安藤香織／杉浦淳吉(編著)『暮らしの中の社会心理学』 ナカニシヤ出版, 2012年.
亀田達也／村田光二 『複雑さに挑む社会心理学：適応エージェントとしての人間』有斐閣(有斐閣アルマ), 2000年.
高橋昌一郎『感性の限界』講談社(講談社現代新書), 2012年.

09.
Thomas Pettigrew, "The Ultimate Attribution Error: Extending Allport's Cognitive Analysis of Prejudice," Personality and Social Psychology Bulletin: 5, 461-476, 1979.
Henri Tajfel and John Turner, An Integrative Theory of Intergroup Conflict, The Social psychology of intergroup relations, edited by William Austin and Stephen Worchel, Brooks Cole, 33-47, 1979.
村田光二『 韓日W杯サッカー大会における日本人大学生の韓国人, 日本人イメージの変化と自己奉仕的帰属』 日本グループ・ダイナミックス学会第50回大会発表論文集, 122-123, 2003年.

10.

Kelly Shaver, "Defensive Attribution: Effect of Severity and Relevance on the Responsibility Assigned for an Accident," Journal of Personality and social Psychology:14, 101-113, 1970.

Elaine Walster, "Assignment of Responsibility for an Accident," Journal of Personality and Social Psychology: 3, 73-79, 1966.

株式会社エアトリ『児童虐待に対する現在の刑罰、6割以上が「軽すぎる」』<https://dime.jp/genre/842025/> 2020年12月23日閲覧.

警察庁 『令和元年版犯罪白書:平成の刑事政策』〈http://hakusyo1.moj.go.jp/jp/66/nfm/mokuji.html〉2019年 .

11.

Jack Brehm, A Theory of Psychological Reactance, Academic Press, 1966.

Daniel Kahneman and Amos Tversky, "Prospect Theory: an Analysis of Decision Under Risk," Econometrica: 47, 263-291, 1979.

Stephen Worchel, Jerry Lee and Akanbi Adewole, "Effects of Supply and Demand on Ratings of Object Value," Journal of Personality and Social psychology: 37, 811-821, 1973.

深田博己(編著)『説得心理学ハンドブック』北大路書房, 2002年.

12.

Daniel Kahneman, Thinking, Fast and Slow, Farrar, Straus and Giroux, 2011.[ダニエル・カーネマン(村井章子訳)『ファスト&スロー:あなたの意思はどのように決まるか?』 早川書房, 2012年.]

Daniel Kahneman, Jack Knetsch and Richard Thaler, "Experimental Tests of the Endowment Effect and the Coase Theorem" Journal of Political Economy: 98(6), 1325–1348, 1990.

Daniel Kahneman and Amos Tversky. "Prospect Theory: an Analysis of Decision Under Risk," Econometrica: 47, 263-291, 1979.

Nathan Novemsky and Daniel Kahneman, "The Boundaries of Loss Aversion," Journal of Marketing Research: XLII, 119–128, 2005.

William Samuelson and Richard Zeckhauser, "Status Quo Bias in Decision Making," Journal of Risk and Uncertainty: 1, 7-59, 1988.

13.

Melvin Lerner and Carolyn Simmons, "Observer's Reaction to the"Innocent Victim": Compassion or Rejection?" Journal of Personality and Social Psychology: 4(2), 203–210, 1966.

Eugene Zechmeister and James Johnson, Critical Thinking A Functional Approach, International Thompson Publishing, 1992.[E.B.ゼックミスタ/J.E.ジョンソン(宮元博章/道田泰司/谷口高士/菊池聡訳)『クリティカルシンキング 入門篇』北大路書房, 1996年.]

14.

John Jost and Mahzarin Banaji, "The Role of Stereotyping in System-Justification and the Production of False Consciousness," British Journal of Social Psychology, 33, 1-27,

1994.
沼崎城／石井伺雄 『日本の犯罪状況の悪化情報が現システムの正当性認知に及ぼす効果』 日本心理学会第73回大会発表論文集 116, 2009年.

15.
George Alvarez, "Representing Multiple Objects as an Ensemble Enhances Visual Cognition," Trends in Cognitive Sciences: 15, 122–131, 2011.
Agneta Herlitz and Johanna Lovén, "Sex Differences and the Own-Gender Bias in Face Recognition: A Meta-Analytic Review," Visual Cognition: 21, 9-10, 2013.
Drew Walker and Edward Vul, "Hierarchical Encoding Makes Individuals in a Group Seem More Attractive," Psychological Science: 25, 230–235, 2014.
服部友里／渡邊伸行／鈴木敦命 『魅力度の類似した顔のグループに対するチアリーダー効果：観察者の性別と顔の性別の影響』基礎心理学研究：38(1), pp.13–15, 2019年9月.

16.
Dan Ariely, The Upside of Irrationality: The Unexpected Benefits of Defying Logic at Work and at Home, Harper Collins, 2010.[ダン・アリエリー(櫻井祐子訳)『不合理だからうまくいく： 行動経済学で「人を動かす」』 早川書房, 2014年]
Deborah Small, George Loewenstein and Paul Slovic, "Sympathy and Callousness: The Impact of Deliberative Thought on Donations to Identifiable and Statistical Victims," Organizational Behavior and Human Decision Processes: 102, 143–153, 2007.

17.
Vernon Allen, Social support for nonconformity, In Leonard Berkowitz (Ed.), Advances in experimental social psychology, Academic Press: 8, 1-43, 1975.
Solomon Asch, Effects of group pressure upon the modification and distortion of judgments, Group leadership, and Men, edited by Harold Guetzkow, Carnegie Press, 1951.
Solomon Asch, "Opinions and Social Pressure," Scientific American: 193, 31-35, 1955.
JCASTニュース『緊急地震速報にミッキーも頭守って…… TDRの「対応力すごい」と話題に』〈https://www.j-cast.com/2020/07/30391175.html?p=all〉2020年7月30日.
本間道子『集団行動の心理学：ダイナミックな社会関係のなかで』サイエンス社, 2011年.

18.
Elisabeth Noelle-Neumann, The Spiral of silence, 1993.[E.ノエル=ノイマン(池田謙一・安野智子訳)『沈黙の螺旋理論：世論形成過程の社会心理学』北大路書房, 2013年.]
Elisabeth Noelle-Neumann and Thomas Petersen, The Spiral of Silence and the Social Nature of Man, Handbook of Political Communication Research, edited by Lynda Kaid, Lawrence Erlbaum Associates, 2004.
Harvey Leibenstein, "Bandwagon, Snob, and Veblen Effects in the Theory of Consumers' Demand," The Quarterly Journal of Economics: 64(2), 183-207, 1950.

19.
Justin Kruger and David Dunning, "Unskilled and Unaware of It: How Difficulties in Recognizing One's Own Incompetence Lead to Inflated Self-Assessments," Journal of

Personality and Social Psychology: 77(6), 1121–1134, 1999.

Katherine Burson, Richard Larrick and Joshua Klayman, "Skilled or Unskilled, But Still Unaware of it: How Perceptions of Difficulty Drive Miscalibration in Relative Comparisons," Journal of Personality and Social Psychology: 90 (1), 60–77, 2006.

Robert Levine, The Power of Persuasion. How We're Bought and Sold, John Wiley and Sons, 2003. [ロバート・レヴィーン(忠平美幸訳)『あなたもこうしてダマされる』 草思社, 2006年.

20.
Chip Heath and Dan Heath, Made to Stick: Why Some Ideas Survive and Others Die, Randum House, 2007.

ABEMA TIMES『「おつりって何?」キャッシュレス化が進む時代に算数の授業で明らかになった子どもたちの"お金の概念"』〈https://times.abema.tv/news-article/8628009〉 2020年10月9日.

鈴木宏昭『認知バイアス:心に潜むふしぎな働き』講談社(ブルーバックス), 2020年.

高橋昌一郎『理性の限界』講談社(講談社現代新書), 2008年.

인지바이어스60

지은이_ 정보문화연구소(야마자키 사키코/미야시로 고즈에/기쿠치 유키코)
옮긴이_ 위정훈
펴낸이_ 강인수
펴낸곳_ 도서출판 피피애

초판 1쇄 발행_ 2023년 11월 28일

등록_ 2001년 6월 25일 (제2012-000021호)
주소_ 서울시 마포구 서교동 487 (506호)
전화_ 02-733-8668
팩스_ 02-732-8260
이메일_ papier-pub@hanmail.net

ISBN_ 978-89-85901-99-4 (03180)